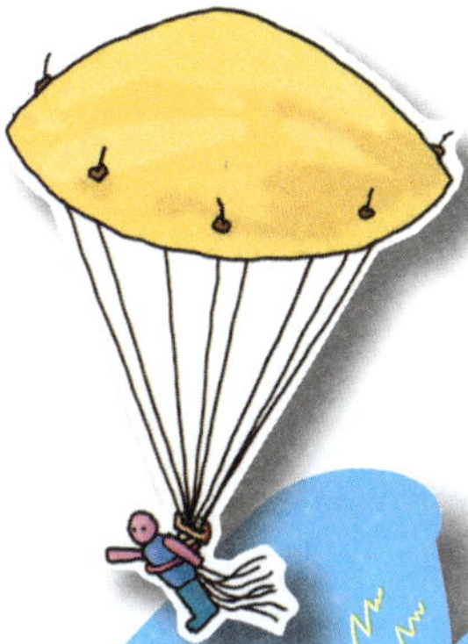

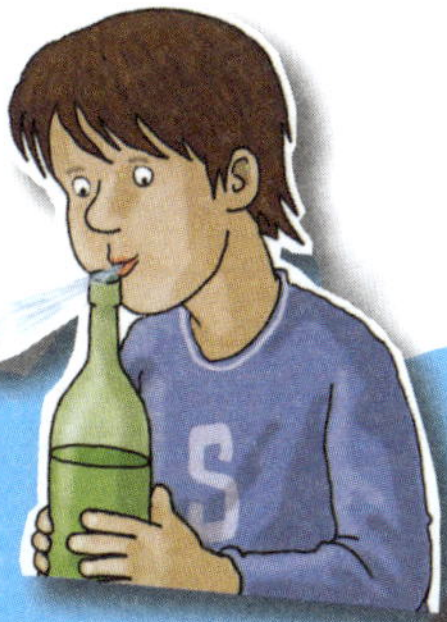

Coole

Zuhause-Experimente

AUSPROBIEREN + STAUNEN + VERSTEHEN

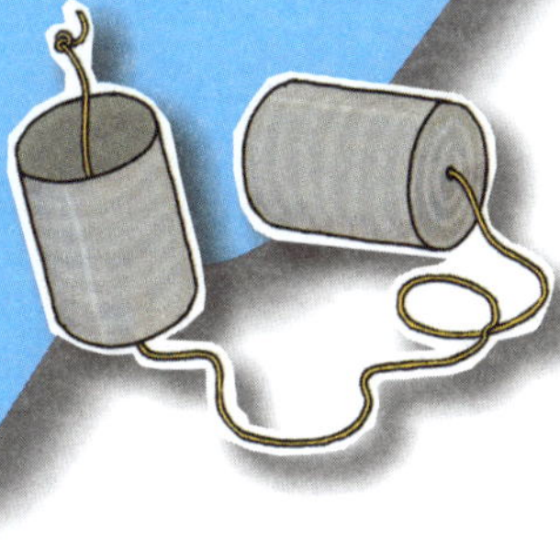

AF557357

circon

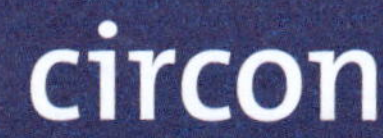

Impressum

Baierbrunner Straße 27, 81379 München
Ausgabe 2022

Text: Kerstin Landwehr (S. 8–12, 25, 30, 32, 38, 40, 44–48, 50, 58, 60, 70–84, 90–98, 102, 104), Martina Rüter (S. 6, 14–22, 28, 34, 42, 54, 56, 62–68, 88, 100)
Illustrationen: Achim Ahlgrimm
Redaktion: Lea Schmid
Fachredaktion: Lars Wilker
Produktion: Ute Hausleiter
Abbildungen: siehe Bildnachweis S. 111
Titelabbildungen: shutterstock.com: Pixel-Shot (Foto), primiaou (Doodles); Achim Ahlgrimm (Illustrationen)
Umschlag- und Layoutgestaltung: Agentur Nemetz, Offingen

ISBN 978-3-8174-4288-1
38174288/1

Besuchen Sie uns auf Instagram und Facebook: circonverlag

www.circonverlag.de

Vorwort

Liebe Forscherin, lieber Forscher,

dieses Buch zeigt dir die spannende Welt der Naturwissenschaften. Viele Dinge, die dir im Alltag begegnen, erscheinen auf den ersten Blick langweilig und normal, doch auf den zweiten Blick stecken erstaunliche Erklärungen dahinter.

Vom archimedischen Prinzip bis zum Wassersaugen kannst du hier viel Aufregendes aus der Natur und dem Alltag erfahren. Dazu zählen Sinneswahrnehmungen, optische Täuschungen, Naturerscheinungen, physikalische Gesetze oder auch Reibung und Pendelbewegungen. Probiere die Experimente einfach aus, am meisten Spaß macht es, wenn du mit Freunden oder deinen Eltern experimentierst. Viele Versuche kannst du aber auch allein durchführen. Die Experimente in diesem Buch sind alphabetisch nach den Kategorien „Beobachten", „Fühlen" und „Hören" geordnet.

Bei den Experimenten, bei denen du etwas basteln musst, besteht natürlich immer eine gewisse Verletzungsgefahr. Lasse dir also zum Beispiel beim Zerschneiden von Plastikflaschen von einem Erwachsenen helfen.

Einige Versuche gelingen dir vielleicht nicht sofort. Das liegt meistens an den Materialien, die du benutzt. Das Ausprobieren gehört einfach zum Experimentieren dazu. Lasse dich also von einem fehlgeschlagenen Versuch nicht entmutigen!

Und nun viel Spaß und Entdeckerfreude!

Inhaltsverzeichnis

*** BEOBACHTEN ***

Archimedisches Prinzip 6
Ballonrakete 8
Blindfisch 10
Blumenschweiß 12
Boccia 14
Büroklammertanz 16
Daumenkino 18
Doppelpendel 20
Drehscheibe 22
Fallschirm 25
Farbverwirrung 28
Flaschentaucher 30
Flaschenzauber 32
Flaschenzug 34
Glasmünze 38
Glaszauber 40
Katapult 42
Löffelbruch 44
Luftballonstreit 46
Luftballontrick 48
Lunge 50
Magische Kiste 54
Papiersäulen 56
Regenwurmglas 58
Rost 60
Sandbilder 62
Spiegelschrift 64
Wasserleuchten 66
Wassersaugen 68

* FÜHLEN *

Doppelnase 70
Fingerspitzengefühl 72
Geisterhand.................. 74
Glasdeckel 76
Handtemperatur 78
Hebelwirkung 80
Klebekamm 82
Lastentransport 84
Pirouette 88
Spurensicherung 90
Zeitungstrick 92

* HÖREN *

Dosentelefon 94
Flaschenmusik 96
Hörrohr...................... 98
Münzballon 100
Sandtanz 102
Schuhkartongitarre........... 104

Glossar 106
Register...................... 109
Bildnachweis 111

*** BEOBACHTEN ***

Archimedisches Prinzip

Hast du dich schon einmal in eine randvoll mit Wasser gefüllte Wanne gesetzt und ist dabei das Wasser übergeschwappt? Angeblich soll genau dieses Missgeschick den griechischen Gelehrten Archimedes auf eine rettende Idee gebracht haben. Nebenbei entdeckte er das nach ihm benannte archimedische Prinzip. Dieses Prinzip besagt, dass jeder Gegenstand, der ins Wasser eintaucht, eine ganz bestimmte Menge Wasser verdrängt.

Das brauchst du

- 1 Küchenwaage
- 1 Schüssel
- 1 Messbecher ohne Ausguss oder 1 großes Glas
- Wasser
- 1 großen Stein
- Stift und Papier zum Notieren

Mache dazu diesen Versuch

1. Stelle die Küchenwaage auf.
2. Auf die Waagschale setzt du die Schüssel. Wiege ihr Gewicht und notiere es.
3. Fülle den Messbecher oder das große Glas randvoll mit Wasser und stelle es in die Schüssel auf der Waage.

4. Gib nun vorsichtig den Stein in das mit Wasser gefüllte Gefäß.

5. Nimm das Wassergefäß mit dem Stein vorsichtig weg.

6. Wiege nun die Schüssel zusammen mit dem übergelaufenen Wasser.
7. Ziehe von diesem Wert das Gewicht der leeren Schüssel ab.

Der Stein sinkt auf den Boden des Gefäßes und verdrängt eine ganz bestimmte Menge Wasser. Da das Gefäß randvoll mit Wasser gefüllt war, läuft dieses verdrängte Wasser über und sammelt sich in der kleinen Schüssel darunter. Das Gewicht des übergelaufenen Wassers entspricht der Auftriebskraft, die der Stein im Wasser erfährt.

H_2O

Das steckt dahinter !

Das archimedische Prinzip besagt, dass jeder Körper im Wasser einen Auftrieb erfährt. Aufgrund des Auftriebs fühlt sich dein Körper im Wasser viel leichter an als sonst. Der Auftrieb ist eine Kraft, die der Gewichtskraft entgegenwirkt. Dein Körper hat ein bestimmtes Gewicht. Diese Gewichtskraft wirkt nach unten. Die Auftriebskraft wirkt jedoch nach oben. So hebt sich von der Gewichtskraft etwas auf. Deshalb ist dein Körper im Wasser scheinbar leichter. Archimedes fand nun heraus, wie viel leichter ein Körper im Wasser ist. Nämlich genauso viel, wie die vom Körper verdrängte Flüssigkeit wiegt. Damit ist die Menge des verdrängten Wassers nicht allein vom Gewicht des eintauchenden Körpers abhängig, sondern auch von der Größe und der Form des Gegenstandes. Ein größerer Körper verdrängt auch mehr Wasser und erfährt damit einen größeren Auftrieb.

* BEOBACHTEN *

Ballonrakete

Stell dir vor, wir befinden uns im Jahre 9514 und du erforschst in deiner Rakete den unendlichen Weltraum. Aber weißt du eigentlich, wie eine solche Rakete funktioniert und wieso eine Rakete so weit fliegen kann? Da man niemals alleine in die Unendlichkeit fliegt, brauchst du für dieses Experiment einen Freund oder eine Freundin.

Das brauchst du

- Packschnur
- Schere
- 1 Trinkhalm, möglichst aus Papier
- 1 Luftballon
- 1 Wäscheklammer
- Klebeband
- einen Freund oder eine Freundin

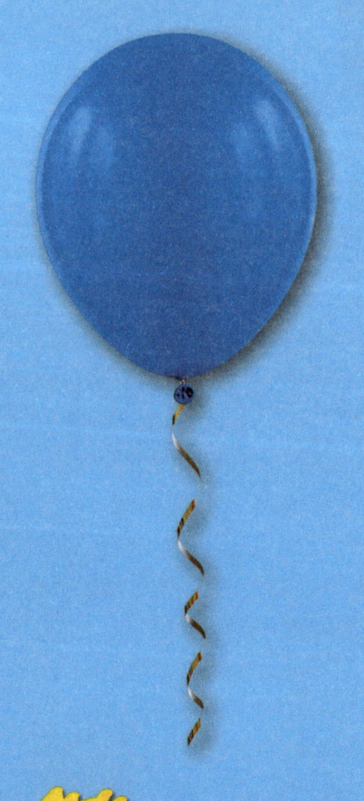

Mache dazu diesen Versuch

1. Schneidet ungefähr fünf Meter von einer Rolle Packschnur ab. Die Packschnur fädelt ihr jetzt durch den Strohhalm und zieht sie ganz durch.
2. Anschließend müsst ihr für diesen Versuch einen Luftballon aufpusten. Vielleicht kann euch ein Erwachsener dabei helfen. Knickt nun das offene Ballonende einmal um. Nehmt eine Wäscheklammer und klemmt sie so fest, dass keine Luft mehr entweichen kann.
3. Legt nun den Strohhalm gerade auf den Ballon. Ein Ende des Strohhalms soll zur Wäscheklammer zeigen. Klebt nun den Strohhalm mit Klebeband gut am Ballon fest.

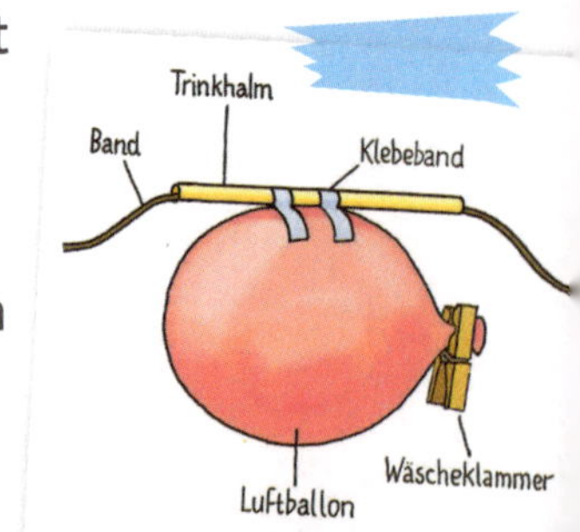

4. Dein Freund oder deine Freundin nimmt nun das eine Ende des Bandes und du das andere Ende in die Hand. Geht jetzt so weit auseinander, dass die Paketschnur straff gespannt ist.

5. Einer von euch zieht den Ballon zu sich heran, sodass die Wäscheklammer zu dir zeigt. Zählt nun langsam von drei rückwärts und entfernt die Wäscheklammer.

In dem Moment, in dem ihr die Wäscheklammer entfernt, saust eure Ballonrakete los. Die entweichende Luft hat den Ballon angeschoben und dieser ist in die entgegengesetzte Richtung davongeflogen.

Das steckt dahinter !

Physiker nennen das, was da gerade passiert ist, Aktion = Reaktion. Übersetzt heißt das, als die Luft ganz schnell aus dem Ballon entwichen ist, hat eine Aktion stattgefunden, die den Antrieb verursacht hat. Die echten Raketen funktionieren übrigens genauso. Die Rakete fliegt zum Himmel, weil der Treibstoff verbrennt und die Rakete mit enormer Kraft anschiebt. Diese Kraft nennen die Astronauten auch Schubkraft.

Blindfisch

Siehst du eigentlich gut? Oder bist du blind wie ein Maulwurf? Vielleicht gar ein Blindfisch? Aber auch den besten Augen kannst du mit einem einfachen Experiment einen interessanten und überraschenden Streich spielen! Hier erfährst du, wie!

Das brauchst du

- 1 Blatt Papier
- 1 schwarzen Filzstift
- Lineal

Mache dazu diesen Versuch

1. Zeichne mit dem Filzstift ein Kreuz auf die rechte Seite von einem Blatt Papier.
2. Auf der gleichen Höhe misst du nun zehn Zentimeter nach links. Dorthin machst du einen Punkt.
3. Halte nun das Blatt Papier vor dein Gesicht und schließe das rechte Auge. Das Kreuz soll genau vor deinem offenen linken Auge sein! Blicke einfach ganz starr auf das Kreuz.
4. Jetzt bewege das Blatt Papier langsam von deinem Gesicht fort. Aber halte das rechte Auge dabei immer geschlossen, sonst funktioniert das Experiment nicht. Na, schon gesehen, was passiert?

Der kleine Punkt, den du noch sehen konntest, verschwindet auf einmal. Probiere, ob dein anderes Auge genauso „blind" ist. Du wirst sehen, dieses Experiment funktioniert auf beiden Seiten. Zugegeben, das war ein ziemlich gemeiner Trick. Bei einem Abstand von ungefähr 30 Zentimetern war der Punkt plötzlich verschwunden. Das liegt natürlich keineswegs daran, dass du schlechte Augen hast! Das ist normal und auch vollkommen unbedenklich.

Das steckt dahinter

In jedem Augapfel gibt es einen kleinen Bereich, mit dem du nicht sehen kannst. An dieser kleinen Stelle im Auge treten Sehnervfasern aus der Netzhaus aus. Dort ist der sogenannte blinde Fleck. Normalerweise wird diese Stelle von dem zweiten Auge ausgeglichen. Aber du hattest ja das andere Auge geschlossen. Wenn du mit beiden Augen siehst, fällt dir der blinde Fleck gar nicht auf. Bemerken kannst du ihn nur, wenn ein Auge ausfällt.

* BEOBACHTEN *

Blumenschweiß

Das brauchst du

- 1 Topfblume mit vielen grünen Blättern
- Gießkanne
- Wasser
- Plastiktüte
- Packschnur
- Schere

Stell dir vor, es ist draußen 30 Grad Celsius warm, du liegst auf der Wiese im Freibad und schwitzt. Ab, zurück ins Wasser! Das ist der einzige Ort, wo du es im Moment aushältst. Aber können eigentlich Pflanzen auch schwitzen?

Mache dazu diesen Versuch

Warte einen wirklich sehr heißen Tag ab, dann funktioniert das Experiment besonders gut!

1. Gieße deine Blume, bis die Erde feucht ist.
2. Suche dir nun einen Zweig an der Topfblume aus und stülpe die Plastiktüte über ihn und seine Blätter. Falls du eine winzig kleine Topfpflanze hast, dann packe einfach die ganze Pflanze in die Tüte ein. Binde die Tüte mit der Packschnur gut zu. Wenn du die ganze Pflanze verpackst, verschnüre sie über der Erde.

Stelle deine Blume an ein sonniges Plätzchen und beobachte sie.

Nach einigen Stunden haben sich Wassertröpfchen an der Innenseite der Tüte gebildet. Deine Blume schwitzt. Leider kann sie nicht wie du schwimmen gehen, aber du kannst ihr mit einer Gießkanne und einem Schwall Wasser über die Blätter gut helfen! Nach ein oder zwei Tagen musst du die Tüte aber spätestens von deiner Pflanze entfernen, damit sie wieder Luft bekommt.

H_2O

Das steckt dahinter !

Die Blätter haben sehr kleine, feine Öffnungen. Durch diese Öffnungen kann das Wasser aus der Pflanze ans Freie gelangen. Dort verdunstet das Wasser dann in der Sonne. Pflanzen schwitzen also über ihre Blätter. Je wärmer es ist, desto mehr Feuchtigkeit geben sie ab. An einem wirklich heißen Sommertag kann ein Baum auf diese Art Hunderte von Litern Wasser ausschwitzen. Dies ist sehr wichtig für den Baum, denn nur so ist es möglich, dass das Wasser, das er aufnimmt, auch bis in die Krone gelangt.

Boccia

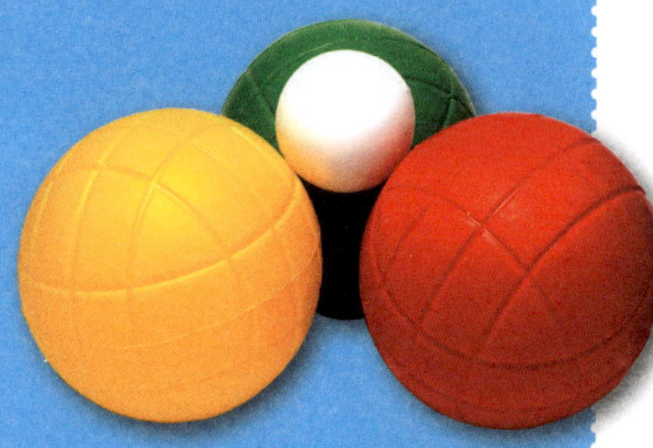

Boccia kennst du sicherlich. Es leitet sich vom französischen Boule-Spiel ab. Dabei muss jeder Spieler seine faustgroßen Kugeln möglichst nah an eine tischtennisballgroße Zielkugel werfen oder die gegnerischen Kugeln vom Zielball wegschießen. In Norddeutschland spielt man ein verwandtes Spiel, das sich Boßeln nennt. Den physikalischen Hintergrund dieser Sportarten machst du dir mit diesem einfachen Murmel-Versuch klar.

Das brauchst du

- 2 gleich lange Lineale
- 8 gleich große Murmeln
- Radiergummi

Mache dazu diesen Versuch

1. Lege die beiden gleich langen Lineale parallel nebeneinander.
2. Platziere die acht Murmeln in einer Reihe zwischen den beiden Linealen.
3. Schiebe die Lineale von beiden Seiten dicht an die Murmellinie heran, sodass du eine gerade Bahn erhältst, in der die Murmeln hin- und herrollen können.

4. Lege den Radiergummi an ein Ende der Murmelspur, damit die äußerste Murmel nicht wegrollt.
5. Alle Murmeln liegen in einer Reihe dicht beieinander.
6. Nimm die vorderste Murmel ein Stück zurück und gib ihr einen leichten Stoß, sodass sie auf die Murmelreihe aufprallt.

Die Murmel am anderen Ende der Murmelreihe wird weggestoßen. Die sechs Murmeln dazwischen bewegen sich (fast) nicht.

Das steckt dahinter !

Indem du der Kugel einen Stoß versetzt, bringst du Energie auf. Diese Stoßenergie wird von einer Murmel auf die nächste bis zur letzten übertragen. Diese kann die Energie nicht weitergeben. Deshalb wird sie in Bewegung versetzt. Nimmst du zwei Kugeln zum Anstoßen, werden am Ende der Reihe auch zwei Kugeln wegrollen. Das funktioniert auch mit drei Murmeln. Beim Boccia, Boule, Boßeln und Billard läuft das genauso ab. Die Stoßkugel versetzt einer Zielkugel einen Stoß und überträgt dabei ihre Energie. Die Stoßkugel bleibt liegen, während sich die getroffene Kugel bewegt. Je nachdem, wie die zweite Kugel getroffen wird, rollt sie in eine bestimmte Richtung.

Büroklammertanz

Magnete ziehen wie durch Zauberkraft metallische Gegenstände an. Nägel und Büroklammern bestehen aus Eisen, einem Metall. Mit einem Magneten kannst du Büroklammern zum Tanzen bringen.

Das brauchst du

- 1 Magnet
- langes Lineal
- doppelseitiges Klebeband
- bunte Büroklammern
- 1 Verpackungskarton (zum Beispiel den Karton einer Tiefkühlpizza oder eine Cornflakes-Schachtel)

Mache dazu diesen Versuch

1. Befestige mit dem doppelseitigen Klebeband den Magneten an einem Ende des Lineals.

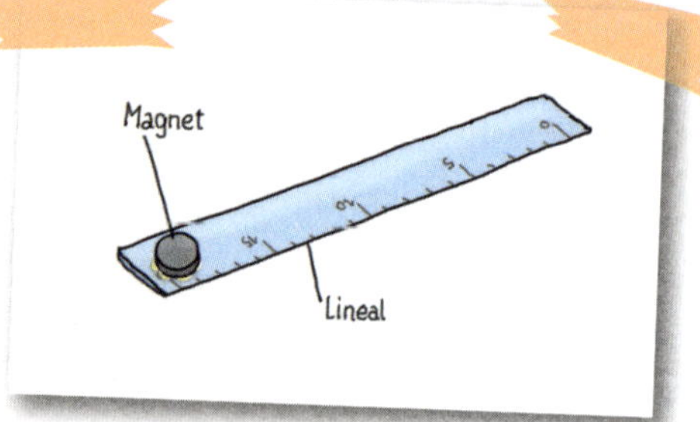

2. Lege die bunten Büroklammern auf die breite Seite des Verpackungskartons.

3. Schiebe das Lineal mit dem Magneten in den Karton und bewege es hin und her.

Die Büroklammern hüpfen lustig auf dem Verpackungskarton – fast wie von Geisterhand – hin und her.

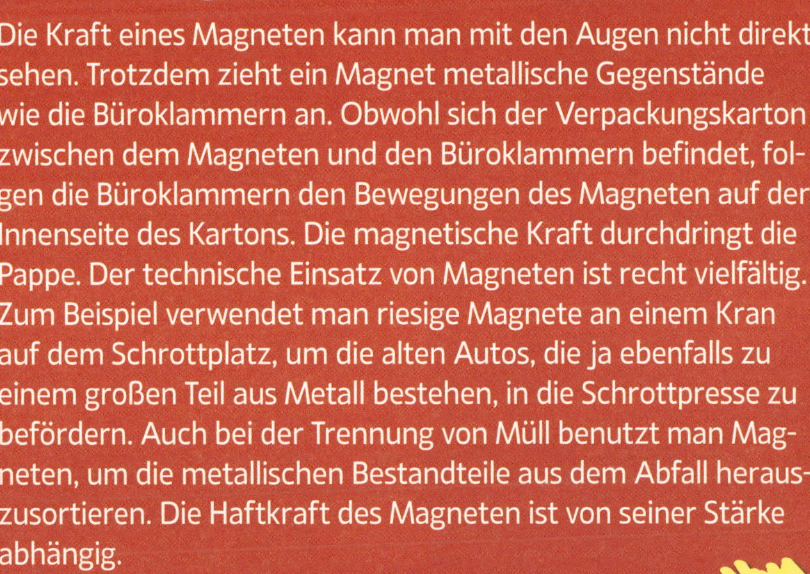

Das steckt dahinter

Die Kraft eines Magneten kann man mit den Augen nicht direkt sehen. Trotzdem zieht ein Magnet metallische Gegenstände wie die Büroklammern an. Obwohl sich der Verpackungskarton zwischen dem Magneten und den Büroklammern befindet, folgen die Büroklammern den Bewegungen des Magneten auf der Innenseite des Kartons. Die magnetische Kraft durchdringt die Pappe. Der technische Einsatz von Magneten ist recht vielfältig. Zum Beispiel verwendet man riesige Magnete an einem Kran auf dem Schrottplatz, um die alten Autos, die ja ebenfalls zu einem großen Teil aus Metall bestehen, in die Schrottpresse zu befördern. Auch bei der Trennung von Müll benutzt man Magneten, um die metallischen Bestandteile aus dem Abfall herauszusortieren. Die Haftkraft des Magneten ist von seiner Stärke abhängig.

* BEOBACHTEN *

Daumenkino

Bestimmt weißt du, dass Zeichentrickfilme aus vielen einzelnen Bildern zusammengesetzt sind, die in der richtigen Reihenfolge schnell hintereinander gezeigt einen bewegten Film ergeben. Auch im Internet oder auf dem Smartphone gibt es Mini-Trickfilme namens GIFs. So ein animiertes Bild besteht eigentlich aus mehreren Bildern, die sehr schnell nacheinander abgespielt werden – wie ein kleiner Film. Bastle dir ein Daumenkino aus Pappe, in dem zum Beispiel die Mondphasen ganz schnell ablaufen.

Das brauchst du

- Lineal
- 1 Blatt blaue, dicke Pappe (DIN A4)
- Bleistift
- Schere
- Klebering oder Zirkel
- 1 Blatt gelbes Papier (DIN A4)
- Klebestift
- schwarzen Filzstift
- Gummiband

Mache dazu diesen Versuch

1. Miss mit dem Lineal auf der blauen Pappe zwölf Rechtecke mit den Maßen fünf mal zehn Zentimeter aus und zeichne mit dem Bleistift die Schnittlinien ein. Schneide dann die Rechtecke sauber aus.
2. Nimm den Innenring des Klebering als Schablone für die Mondkreise oder benutze einen Zirkel. Zeichne auf das gelbe Papier zwölf Kreise und schneide sie anschließend ordentlich aus.
3. Klebe nun mit dem Klebestift auf jedes blaue Rechteck einen gelben Mondkreis. Achte darauf, dass sich die Kreise immer an der gleichen Stelle auf den Rechtecken befinden.

4. Male nun den Mondschatten mit dem Filzstift auf die gelben Kreise. Auf der ersten Karte wird der Mond ganz schwarz (Neumond). Auf der zweiten Karte befindet sich rechts eine schmale, gelbe Sichel, auf der dritten Karte rechts eine etwas breitere. Auf der vierten Karte ist Halbmond. Male die linke Hälfte des Kreises schwarz aus. Auf der fünften Karte hat der Mond links einen breiten Schatten, auf der sechsten links einen schmalen Schatten. Auf der siebten Karte ist Vollmond; hier bleibt der Mond komplett gelb. Auf der achten Karte erscheint rechts ein kleiner Schatten, auf der neunten Karte rechts ein breiter Schatten. Auf der zehnten Karte ist wieder Halbmond. Nun malst du aber die rechte Seite schwarz aus. Die elfte Karte hat links eine breite Sichel und die zwölfte Karte eine schmale Sichel.

5. Bringe die Karten in die richtige Reihenfolge und wickle ein Gummiband um alle Karten. Nun ist dein Daumenkino fertig. Halte es nun mit der linken Hand fest und blättere schnell mit dem rechten Daumen durch.

Der Mond nimmt zunächst zu und dann wieder ab. Durch das schnelle Blättern sieht es aus wie ein kleiner Film.

Das steckt dahinter!

Durch die schnelle Abfolge der einzelnen Mondbilder nehmen wir die Veränderung auf den Bildern als fortlaufende Bewegung wahr. Denn unser Sehsinn ist etwas träge und kann bei einer schnellen Bildabfolge die einzelnen Bilder nicht auseinanderhalten. Daumenkinos gibt es übrigens schon seit Mitte des 19. Jahrhunderts. Bereits damals sorgten sie für gute Unterhaltung.

Das brauchst du

- 2 Stühle
- Packschnur
- 2 Plastikbecher, zum Beispiel leere Joghurtbecher
- Dosenlocher
- 12 gleich große Murmeln

Doppelpendel

Der niederländische Astronom und Physiker Christiaan Huygens beobachtete im 17. Jahrhundert, dass zwei Pendeluhren, die in einem gemeinsamen Gehäuse eingebaut waren, nach einer halben Stunde immer gleich hin- und herschwangen – egal in welcher Ausgangsposition sich die Pendel zu Beginn befanden. Wie konnte das sein? Huygens fand heraus, dass die Gewichte der Pendel ihre Schwingungsenergie auf das Uhrengehäuse übertrugen. So beeinflussten sich die beiden Pendel gegenseitig. Einen ähnlichen Effekt kannst du beobachten, wenn du zwei Pendel miteinander verbindest.

Mache dazu diesen Versuch

1. Stelle die beiden Stühle mit etwa einem Meter Abstand nebeneinander auf. Spanne dazwischen ein Stück Packschnur.
2. Stich in die beiden Plastikbecher je zwei Löcher am oberen Rand. Ziehe durch jeden Becher ein Stück Schnur und verknote es zu einem Henkel.

3. Verknote an den beiden Schnurhenkeln der Becher je ein weiteres Stück Schnur und befestige das andere Ende an der Schnur zwischen den Stühlen. Achte darauf, dass beide Becher gleich hoch über dem Boden hängen.

4. Beschwere die beiden Becher mit je sechs Murmeln. Verbinde die beiden Schnüre, an denen die Becher hängen, mit einem weiteren Stück Schnur.

5. Lenke einen der beiden Becher aus und lasse ihn schwingen.

6. Verändere bei weiteren Versuchen die Höhe der Verbindungsschnur.

Zunächst pendelt nur ein Becher. Dann wird er langsamer und der zweite Becher beginnt langsam zu schwingen. Irgendwann kommt der erste Becher zur Ruhe und es schwingt nur der zweite. Die beiden Becherpendel wechseln sich so lange ab, bis sich beide ausgeschwungen haben.

Das steckt dahinter !

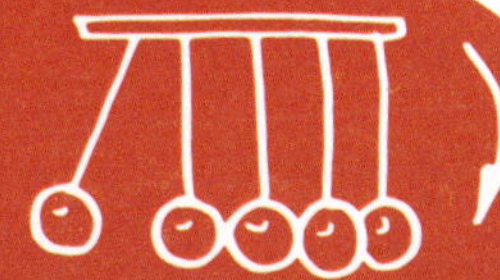

Bei deinem Doppelpendel handelt es sich um ein gekoppeltes Pendel. Dabei wird die Schwingungsenergie über die Verbindungsschnur zwischen den beiden Pendelschnüren von einem Pendel auf das andere übertragen.

Drehscheibe

Bestimmt hast du dich schon einmal an einem Jo-Jo versucht. Es ist gar nicht so leicht, den richtigen Dreh hinzubekommen. Doch wie funktioniert ein Jo-Jo überhaupt?

Das brauchst du

- 2 Hocker
- 1 Besenstiel
- 1 Marmeladenglas-deckel aus Metall
- Dosenlocher
- 1 Schaschlikspieß
- Packschnur
- Schere

Mache dazu diesen Versuch

1. Stelle die beiden Hocker mit etwa einem Meter Abstand nebeneinander auf.
2. Lege den Besenstiel als Verbindung über die beiden Hocker.
3. Bohre mit dem Dosenlocher ein Loch in die Mitte des Marmeladenglas-deckels. Arbeite hier vorsichtig und lass dir gegebenenfalls von einem Erwachsenen helfen.

4. Stich den Schaschlikspieß durch das Loch im Deckel.

5. Befestige zwei Schnüre am Besenstiel.

6. Die beiden anderen Enden bindest du um die aus dem Deckel herausragenden Stücke des Spießes. Achte darauf, dass der aufgespießte Deckel gerade hängt.

7. Rolle den Deckel an der Schnur auf und lasse ihn dann los. Achte auch hier darauf, dass du den aufgespießten Deckel gerade aufwickelst.

Der Deckel dreht sich nach unten, wobei er sich langsamer bewegt als im freien Fall. Unten angekommen, ändert sich die Drehrichtung und der Deckel rollt sich andersherum ein Stück auf. Je nachdem, wie gerade du die Drehscheibe aufgehängt und aufgerollt hast, kann sich das Jo-Jo-Schauspiel ein paar Mal wiederholen. Wenn es schief abrollt, ist der Effekt nicht zu sehen, denn dann schwingt dein Jo-Jo unkontrolliert und verheddert sich.

Das steckt dahinter

Beim Aufwickeln der Schnur führst du Energie zu. Diese Art der Energie nennt man Lageenergie, denn die Scheibe wird in die Höhe gehoben. Beim Abwärtsrollen gibt die Drehscheibe diese Energie in Form von Rotationsenergie wieder ab. In die Drehbewegung wird die Scheibe durch die sich abwickelnde Schnur gezwungen. Sobald die Scheibe unten angekommen ist, wickelt sie sich von selbst wieder ein Stück hoch. Dabei gelangt sie nie wieder an den Ausgangspunkt, denn die Energie wird durch die Reibung immer kleiner. Bei einem Jo-Jo, das du geschickt auf- und abrollst, gibst du immer wieder durch deine Hand ein bisschen Energie dazu. So bleibt es – mit ein wenig Geschick – in Bewegung.

Fallschirm

Die ersten Entwürfe eines Fallschirms hat vor fast 500 Jahren Leonardo da Vinci gemacht. Heute kannst du dir einen kleinen Fallschirm für ein Plastikmännchen bauen. Aber nur für ein Plastikmännchen! Nicht dass du auf die Idee kommst, an einer Mülltüte baumelnd vom Dach eures Hauses zu springen! Das funktioniert nicht! Es ist sogar sehr gefährlich. Aber der Flug deines Plastikmännchens wird dir genauso viel Spaß machen.

Das brauchst du

- Packschnur
- Schere
- Zollstock
- Filzstift
- 1 Müllbeutel
- Nadel
- Gummiband
- 1 Plastikmännchen

Mache dazu diesen Versuch

1. Schneide von der Rolle Packschnur acht gleich lange Stücke ab. Jedes soll 40 Zentimeter lang sein. Das kannst du mit dem Zollstock nachmessen.

2. Dann schneidest du noch ein Stück von 20 Zentimetern ab. Mache an dem Ende des 20 Zentimeter langen Stückes eine kleine Schlaufe. In die Schlaufe steckst du deinen Filzstift hinein.

3. Schneide den Müllbeutel auseinander. Du hast jetzt ein großes Stück vor dir liegen. In der Mitte hältst du das Ende der Filzstiftschnur mit dem Daumen fest. Ziehe die Schnur stramm und zeichne mit dem Filzstift an der Schnur einen Kreis auf den Müllbeutel. Schneide diesen Kreis aus.

4. Am Rande des Kreises stichst du nun immer im gleichen Abstand acht Löcher mit der Nadel. Knote die acht Packschnurstücke in den acht Löchern fest. Pass aber auf, dass die Löcher nicht einreißen!

5. Die Schnurstücke fasst du unten zusammen und machst einen dicken Knoten hinein. Mit dem Gummiband kannst du jetzt dein Plastikmännchen an dem Knoten befestigen. So, der erste Sprung kann stattfinden! Wickle die Schnur mit deinem tapferen Helden um den Fallschirm und dann wirf alles hoch in die Luft. Du kannst ihn auch aus dem Fenster werfen oder auf dem Spielplatz von einem Turm fallen lassen.

Die Luft wird in dem Fallschirm zusammengedrückt und bremst dadurch den Fall ab. Der Fallschirmspringer gleitet langsam zum Boden herab.

Achtung!

Achte aber bitte darauf, dass du nicht hinterherfällst. Du hast nämlich weder Flügel noch einen Fallschirm!

Das steckt dahinter

Im Fallen wird unter dem Fallschirm Luft eingefangen. Dabei wird der Fall gebremst. Baue dir unterschiedliche Testfallschirme zusammen und vergleiche sie. Benutze anderes Material, statt einer Mülltüte Stoff oder Papier. Verändere die Größe des Fallschirms und hänge vielleicht zwei Plastikmännchen daran.

Farbverwirrung

Manche Dinge können uns ganz schön verwirren. Vor allem dann, wenn wir etwas tun wollen, das uns nicht auf Anhieb gelingt. Manchmal macht auch unser Gehirn nicht das, was wir von ihm erwarten. So kann eine einfache Aufgabe, wie die Bestimmung einer Farbe, ganz schön schwierig sein, aber sieh selbst!

Das brauchst du

- 1 Blatt Papier
- farbige Stifte
- 1 Magnet- oder Pinnwand

Mache dazu diesen Versuch

1. Nimm ein Stück Papier und schreibe in großen Buchstaben Farbnamen darauf. Wähle jedoch für die Wörter immer eine andere Farbe als diejenige, die sie beschreibt. Schreibe also zum Beispiel das Wort BLAU mit einem roten Stift und das Wort ROT mit einem grünen.

2. Hänge das Blatt Papier an der Magnet- oder Pinnwand auf.

3. Lies nun nicht die Wörter vor, sondern versuche nacheinander die Farben, mit denen die einzelnen Wörter geschrieben sind, zu nennen.

4. Teste auch eine Freundin oder einen Freund.

Auf Anhieb wird es dir nicht gelingen, die Farben anstelle der Wörter zu nennen. Um dies zu erreichen, musst du dich ganz stark konzentrieren.

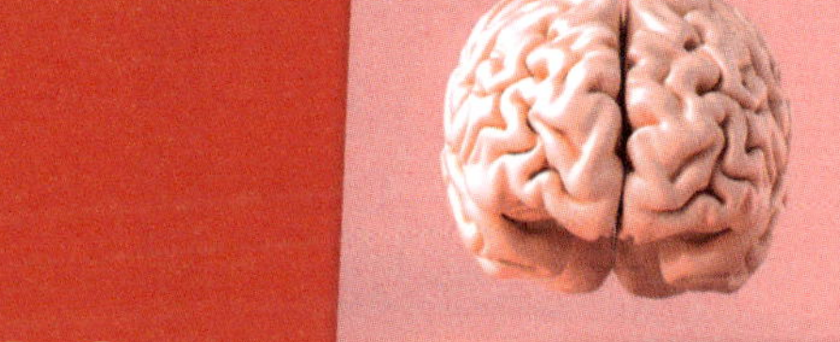

Das steckt dahinter !

Unser Gehirn besteht aus zwei Hälften. Normalerweise arbeiten die beiden Gehirnhälften eng zusammen. Doch jede Gehirnhälfte hat eine besondere Begabung. So befindet sich in der linken Gehirnhälfte das Sprachzentrum. Diese Hälfte ist vorwiegend für die Sprache, die Begriffe und das logische Denken zuständig. Die rechte Gehirnhälfte hingegen ist auf räumliche, farbige und musikalische Dinge spezialisiert. Sie steuert auch unsere Kreativität und Gefühle. Bei der hier gestellten Aufgabe kommen sich nun beide Gehirnhälften in die Quere. Bei den meisten Menschen ist die linke Gehirnhälfte etwas dominanter, weil sie eher mit Logik an Aufgaben herangehen. Das Bauchgefühl wird oft unterdrückt. Deshalb fällt den meisten Menschen das Lesen der Wörter leichter als das Nennen der Farben. Man muss sich stark konzentrieren, um die rechte Gehirnhälfte zu aktivieren, die für die Erkennung der Farben zuständig ist.

Flaschentaucher

Kannst du dir vorstellen, dass ein Streichholz schwerelos in der Flasche schwebt und auf dein Kommando hineinsinkt oder wieder auftaucht? Vielleicht musst du für dieses Experiment ein wenig üben, aber es lohnt sich!

Das brauchst du

- 1 leere Glasflasche (am besten kein Grün- oder Braunglas!)
- Wasser
- 1 Streichholz

Mache dazu diesen Versuch

1. Fülle eine Glasflasche randvoll mit Leitungswasser. Wenn du die Flasche nicht wirklich bis zum Überlaufen vollmachst, funktioniert das Experiment nicht.
2. Nimm nun das Streichholz und brich es ganz kurz hinter dem roten Kopf ab. Das Streichholz ist dein Taucher. Wenn du eine weiße Glasflasche benutzt, siehst du die rote Spur, die dein Taucher hinterlässt.
3. Wirf deinen Taucher in die Flasche. Er schwimmt ganz oben, an der Öffnung der Flasche.

4. Jetzt kommt der Teil des Versuchs, den du wahrscheinlich ein wenig üben musst. Drücke mit deinem Daumen oder mit dem Handballen die Öffnung der Flasche zu. Wenn du die Öffnung komplett verschlossen hast, drück noch ein wenig fester zu. Mit ein wenig Übung kannst du auch mal versuchen, weniger stark oder abwechselnd stark und leicht zu drücken.

Wenn du die Öffnung verschlossen hast und drückst, sinkt dein Taucher in die Flasche hinab. Mit ein bisschen weniger Druck kannst du ihn mitten in der Flasche schweben lassen. Möchtest du, dass der Taucher wieder aufsteigt, kannst du die Hand wegnehmen. Wenn dein Taucher den Flaschenboden erkunden soll, dann drücke wieder ganz fest zu.

Das steckt dahinter

Die Glasflasche ist bis oben hin voll Wasser. Wasser lässt sich nicht zusammendrücken. Während du auf das Wasser drückst, wird die Luft in den Holzfasern des Streichholzes zusammengedrückt. Der Druck, den du auf das Wasser ausübst, geht auf das Streichholz, also den Taucher, über und er beginnt zu sinken. Lockerst du den Druck, dehnt sich die Luft wieder aus und das Streichholz steigt nach oben.

* BEOBACHTEN *

Flaschenzauber

Das brauchst du

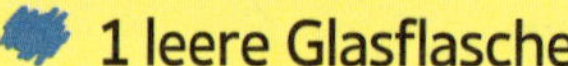
- 1 leere Glasflasche

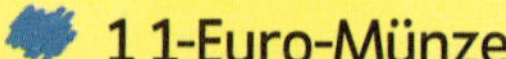
- 1 1-Euro-Münze

Gespenster gibt es ja nicht und doch könnte man manchmal glauben, dass so einige Dinge nicht ganz geheuer sind. Da tanzt ein Geldstück auf einer Flasche, ohne dass es berührt oder die Flasche bewegt wird. Wie kann das sein?

Mache dazu diesen Versuch

1. Stelle eine leere Glasflasche zwei Stunden in den Kühlschrank.
2. Anschließend nimmst du die Glasflasche wieder aus dem Kühlschrank und stellst sie vor dich auf den Tisch.
3. Lege die Münze auf die Flaschenöffnung. Umfasse jetzt fest mit deinen Händen die Flasche. Konzentriere dich und ... Plopp! Wenn jetzt noch jemand behauptet, es gäbe keine magischen Kräfte!

Die Münze tanzt auf der Flaschenöffnung! Naja, tanzen ist vielleicht ein wenig übertrieben, aber sie hebt sich zumindest für kurze Zeit von der Flaschenöffnung ab. Und das alles nur mit deinen Händen und ohne Magie!

Das steckt dahinter

Also, wir waren uns ja schon einig, es gibt keine Gespenster in der Flasche. Hier sind ganz einfache physikalische Kräfte am Werk! Die Flasche kommt aus dem Kühlschrank und so sind die Flasche und die Luft darin kalt. Wenn du nun deine warmen Hände fest um die Flasche legst, erwärmt sich die Flasche und damit auch die Luft. Dadurch dehnt sich die Luft in der Flasche aus. Die Luft passt nicht mehr in die Flasche hinein und ein Teil davon sucht einen Weg nach draußen. Das geht nur durch die Flaschenöffnung. Aber die Flaschenöffnung ist durch die Münze versperrt. Die Luft drückt nun aber mit großer Kraft auf die Münze. So wird das Geldstück für kurze Zeit ein kleines bisschen angehoben.

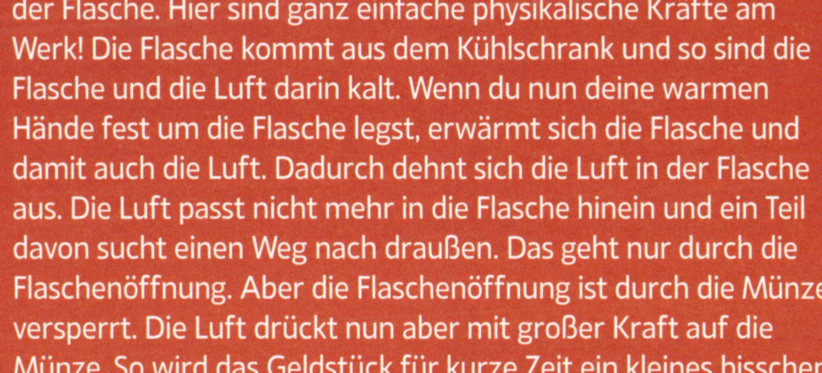

BANG!

* BEOBACHTEN *

Flaschenzug

Die Nutzung von Rollen und Flaschenzügen war lange Zeit die einzige Möglichkeit, auf Baustellen große Lasten zu heben. Ein Flaschenzug ist eine einfache Maschine zum Heben von schweren Gegenständen. Er besteht aus festen und losen Rollen, über die Seile gezogen werden. Mithilfe eines Flaschenzugs kann die notwendige Kraft zum Heben oder Bewegen schwerer Lasten verringert werden. Probiere es selbst einmal aus!

Das brauchst du

- 2 Stühle mit Lehnen
- 1 Besenstiel
- 2 leere Garnrollen
- Klebeband
- Schere
- 2 Schaschlikspieße
- 2 Bleistifte
- 2 Plastikbecher
- Dosenlocher
- Packschnur
- 12 gleich große Murmeln

Mache dazu diesen Versuch

1. Stelle zwei Stühle mit den Lehnen zueinander auf und lege den Besenstiel über die beiden Stuhllehnen.
2. Damit die Schnur hinterher besser über die Garnrollen läuft, kannst du mithilfe des Klebebands eine Laufspur erzeugen. Dazu klebst du links und rechts um die Rollen einige Streifen Klebeband.
3. Stecke einen Schaschlikspieß durch eine der beiden Garnrollen.

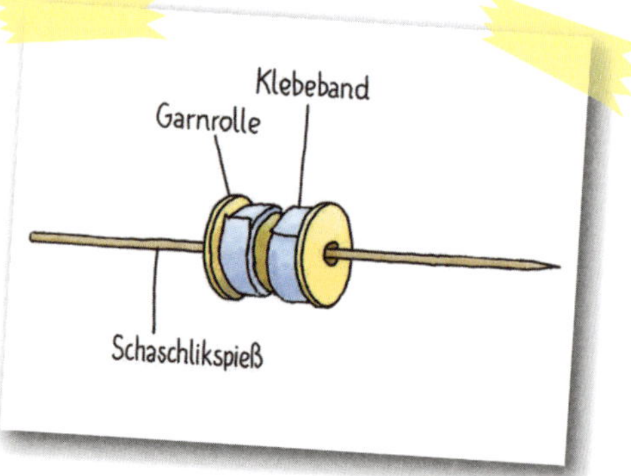

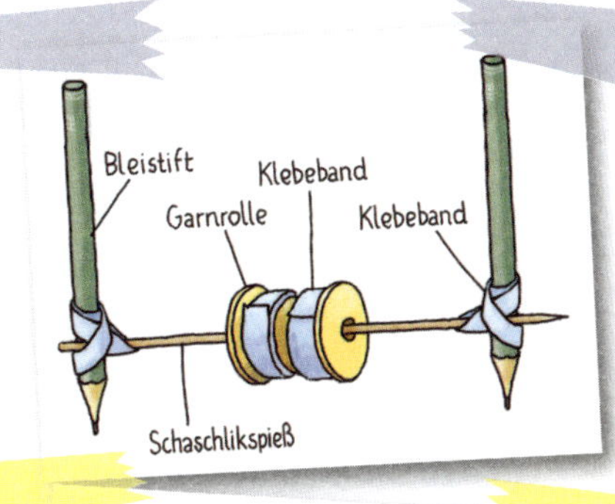

4. Befestige an den Enden des Schaschlikspießes mit Klebeband je einen Bleistift im 90-Grad-Winkel.
5. Klebe die beiden Bleistifte mit Klebeband so am Besenstiel fest, dass der Bleistift mit der Garnrolle waagerecht hängt.
6. Mit dem Dosenlocher stichst du in jeden Plastikbecher oben am Rand zwei sich gegenüberliegende Löcher.
7. Ziehe durch die Löcher in beiden Bechern je ein Stück Packschnur und verknote sie, sodass du einen Henkel erhältst.
8. Befestige nun ein weiteres Stück Schnur an dem Schnurhenkel eines Bechers.
9. Ziehe die Schnur über die Garnrolle und befestige sie an dem zweiten Becher.
10. Befülle nun beide Becher mit je sechs gleich großen Murmeln. Was beobachtest du?

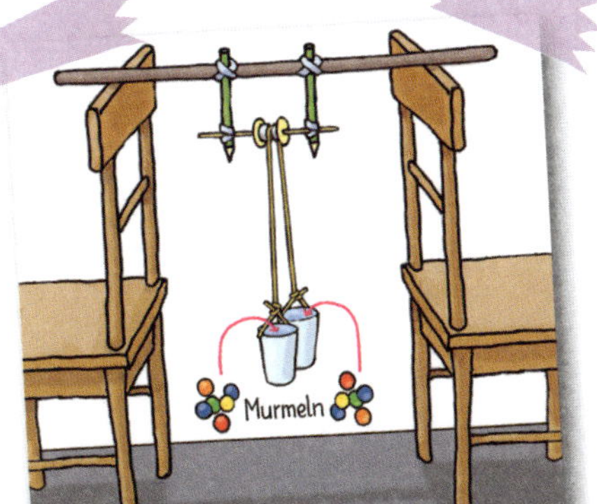

11. Für den zweiten Teil des Flaschenzugexperiments löst du die Verbindungsschnur von dem zweiten Becher.

12. Stecke einen Schaschlikspieß durch den Becher und die Garnrolle, die sich innerhalb des Bechers befinden soll.

13. Ziehe die Schnur, die an dem anderen Becher noch befestigt ist, zunächst über die Garnrolle, die am Besenstiel befestigt ist.

14. Dann führst du die Schnur über die Rolle in dem zweiten Becher.

15. Zum Schluss befestigst du das lose Ende der Schnur am Bleistift, auf dem die obere Garnrolle steckt.

16. Beide Becher sind wiederum mit je sechs gleich großen Murmeln gefüllt. Halte sie auf gleicher Höhe und lasse dann los.

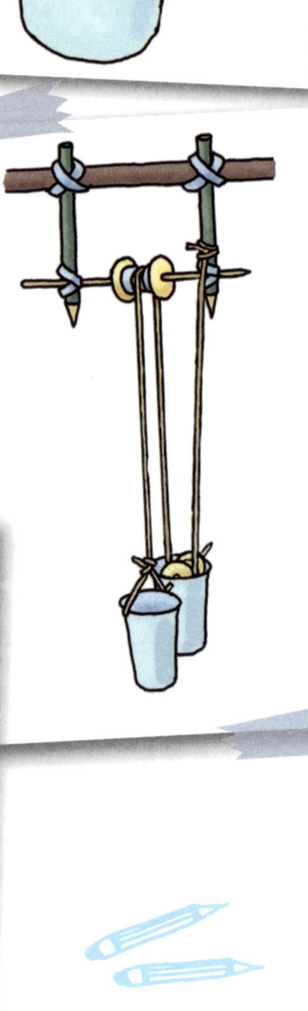

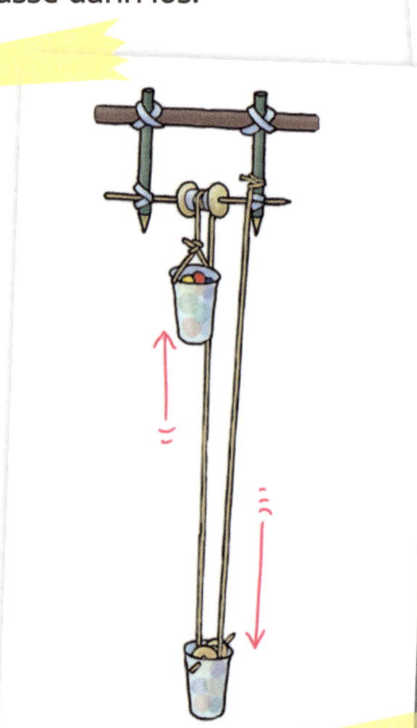

Während die Becher beim Einsatz von nur einer Spule auf gleicher Höhe bleiben, bewegt sich beim Einsatz von zwei Spulen ein Becher nach unten.

Das steckt dahinter !

Im ersten Teil des Versuchsaufbaus befinden sich die gleich schweren Becher im Gleichgewicht. Kein Becher vermag den anderen zu heben. Unter Zuhilfenahme einer zweiten Rolle zieht ein Becher den anderen Becher hoch, während er selbst absinkt. Und das, obwohl beide Becher gleich schwer sind. Entscheidend für die Zugkraft ist die Anzahl der tragenden Seilabschnitte. Je mehr Rollen du einsetzt, umso leichter wird das Anheben. Will man eine Last beispielsweise um einen Meter anheben, so muss man das Seil über den Flaschenzug mit zwei Rollen um zwei Meter herunterziehen. Je mehr Kraft man einspart, desto größer wird der Zugweg. Probiere es einmal aus und erweitere deinen Flaschenzug erst um eine und dann um mehrere Garnrollen. Außerdem können sie unterschiedlich angeordnet sein. Heute werden Flaschenzüge vor allem bei Kränen und Spannvorrichtungen eingesetzt.

F_1 F_2

* BEOBACHTEN *

Glasmünze

Ein überraschender Trick, bei dem Wetten abgeschlossen werden dürfen und der sich gut für jede Party eignet! Wo landet die Münze? Auf dem Tisch, unter dem Tisch oder vielleicht sogar ganz woanders?

Das brauchst du

- 1 Glas
- 1 Spielkarte
- 1 Münze

Mache dazu diesen Versuch

1. Nimm ein leeres Glas und lege die Spielkarte auf die Öffnung.

2. Die Münze legst du nun auf die Mitte der Karte.

3. Nun schnipse mit deinem Finger gegen den Kartenrand. Versuche die Karte genau in der Mitte einer Seite zu treffen, sodass sie vom Glas rutscht. Wenn es nicht gleich gelingt, nicht verzagen. Für diesen Trick musst du ein wenig üben, bis er so richtig gut funktioniert! Das Experiment gelingt nämlich nicht, wenn die Karte sich nach dem Schnipsen dreht!

Falls du Glück hast und der Versuch direkt beim ersten Mal funktioniert, super! Dann landet die Münze mit einem Klingeln im Glas. Wer hätte das vermutet? Die Karte wird von dir kräftig angeschnipst. Sie fliegt über den Glasrand davon. Da die Münze aber nicht direkt von dir berührt wird, bleibt sie „träge“, also an ihrem Platz. Da die Karte nicht mehr unter ihr ist, fällt sie natürlich direkt in das Glas.

Das steckt dahinter

Jeder Gegenstand möchte seinen momentanen Zustand gerne beibehalten. Das heißt, was sich bewegt, will in Bewegung bleiben, und was stillsteht, will stehen bleiben. Veränderst du diesen Zustand, dann geschieht das gegen den „Willen“ des Gegenstandes. Und das zeigt er auch, denn er leistet Widerstand. Diesen Widerstand eines Gegenstandes nennt man auch Trägheit.

* BEOBACHTEN *

Glaszauber

Es ist heiß, du bist lange draußen herumgetobt und könntest jetzt einen ganzen Brunnen leer trinken. Das ist ja nicht so ungewöhnlich. Aber hast du schon gewusst, dass auch Gläser durstig sind? Das ist doch sehr komisch, oder? Ganz und gar nicht! Gleich wirst du ein Glas trinken sehen!

Das brauchst du

- 1 Schüssel
- Wasser
- 1 hohes Glas
- 1 Teller
- 1–2 Eiswürfel
- 1 Teelöffel Salz
- 1 Tintenpatrone
- Schere

Mache dazu diesen Versuch

1. Fülle eine Schüssel mit warmem Wasser und lege ein Glas hinein. Das Glas sollte dabei bis über die Öffnung komplett bedeckt sein.
2. Lege ein oder zwei Eiswürfel auf einen Teller und bestreue sie mit Salz.
3. Schneide die Tintenpatrone oben auf und drücke sie über den Eiswürfeln aus. Tropfe dann noch ein klein wenig kaltes Wasser darüber. Jetzt musst du warten, bis die Eiswürfel geschmolzen sind.

4. Wenn auf deinem Teller blaues Eiswasser schwimmt, ist es Zeit, den Durst des Glases endlich zu stillen. Nimm das Glas aus dem warmen Wasser und stelle es mit der Öffnung nach unten auf den Teller mit dem Eiswasser. Und jetzt sage noch einer, Gläser hätten keinen Durst!

Dein Glas trinkt das blaue Wasser. Ui, ist das durstig gewesen! So wie die Luft sich zusammenzieht, weil sie abkühlt, wird das farbige Wasser nun in das Glas gesaugt.

Das steckt dahinter!

Durch das warme Wasser hat sich das Glas in der Schüssel erwärmt. Wenn du das Glas aus der Schüssel herausnimmst, strömt Luft in das Glas. Die Luft erwärmt sich in dem warmen Glas ebenfalls. In dem Moment, in dem du das Glas in das Eiswasser stellst, kühlt sich die Luft in dem Glas wieder ab. Und da kältere Luft bekanntlich weniger Platz benötigt als die warme Luft, zieht sie sich in dem Glas zusammen und von unten Luft an. So wandert das blaue Wasser am Glasrand nach oben.

Katapult

Wenn du einen Locher genauer betrachtest, wirst du feststellen, dass er im Grunde ein Hebel mit einer Drehachse ist. Über einen längeren Weg verringert man so die Kraft, die man zum Ausstanzen von Löchern in Papier benötigt. Deshalb besitzen Locher für hohe Papierstapel einen sehr langen Hebel. Doch einen Locher kann man auch als Katapult benutzen und damit Gummibärchen durch die Luft schießen!

Das brauchst du

- 1 Locher
- 1 leere Streichholzschachtel
- doppelseitiges Klebeband
- Gummibärchen

Mache dazu diesen Versuch

1. Stelle den Locher auf den Tisch.
2. Ziehe den Behälter der Streichholzschachtel heraus.
3. Befestige das Innenteil der Streichholzschachtel mit dem doppelseitigen Klebeband auf dem Locherhebel.

4. Lege ein Gummibärchen in die offene Schachtel.

5. Drücke den Locher an seinem Hebel nach unten und lasse dann los. Pass hier aber gut auf, dass deine Finger nicht unter den Hebel geraten, das könnte schmerzhaft sein. Wenn du den Versuch mit einer Freundin oder einem Freund zusammen machst, kann einer von euch versuchen, das Gummibärchen mit dem Mund aufzufangen.

Wenn der Hebel des Lochers zurückschnellt, wird das Gummibärchen in hohem Bogen durch das Zimmer katapultiert. Je länger der Hebel des Lochers ist, desto weiter fliegt das Gummibärchen.

Das steckt dahinter !

Ein Katapult ist eine Wurfmaschine, die Gegenstände weit wegschleudert. Im Mittelalter bestückte man Katapulte mit Steinen oder brennenden Fackeln und warf diese über die Mauern belagerter Burgen. Meist waren diese Katapulte aus Holz. Den Wurfarm zog man mit einem Seil aus seiner aufrechten Position nach hinten. Sobald das Seil gekappt wurde, schnellte das Wurfgeschoss los. Das Wort „Katapult" setzt sich aus den griechischen Silben für „gegen" und „schleudern" zusammen.

Löffelbruch

Das brauchst du

- 1 Glas
- Wasser
- 1 Teelöffel

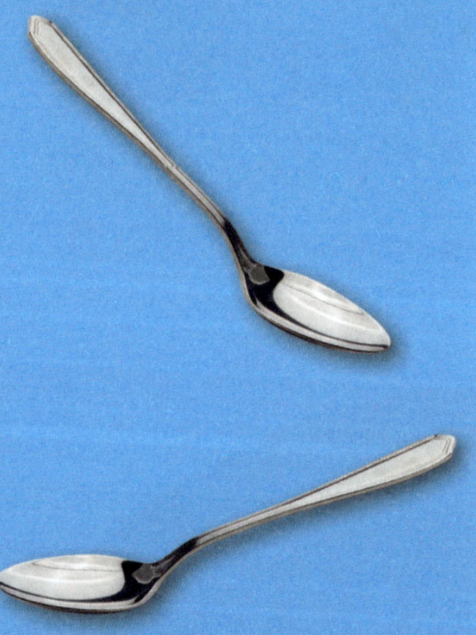

Der Löffel war doch eben noch gerade! Du hast es genau gesehen. Bevor er in das Glas mit Wasser gestellt wurde, war er bestimmt noch nicht abgebrochen und krumm. Und alles nur, weil du unbedingt die Kohlensäure aus dem Sprudel herausrühren wolltest. Deine Mutter wird schön gucken, wenn der gute Löffel kaputt ist! Anscheinend hast du größere Kräfte, als du dachtest, oder gibt es eine andere Erklärung?

Mache dazu diesen Versuch

1. Fülle ein Glas über die Hälfte mit Wasser.

2. Stelle dann einen Teelöffel in das Glas hinein. Wenn du nun von der Seite schaust, dann sieht es so aus, als ob der Löffel abgebrochen wäre. Und zwar genau an der Stelle, wo das Wasser aufhört.

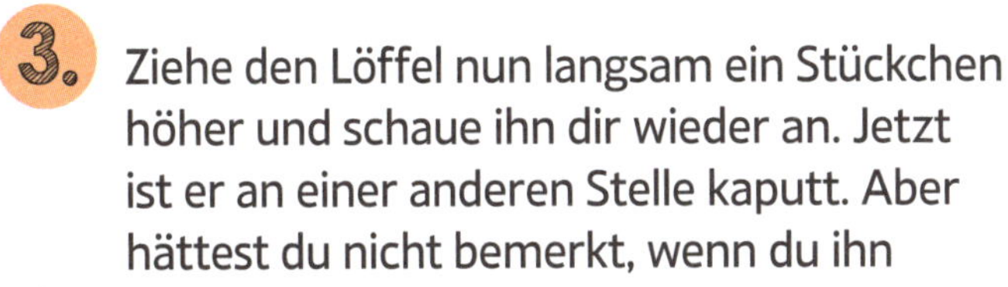

3. Ziehe den Löffel nun langsam ein Stückchen höher und schaue ihn dir wieder an. Jetzt ist er an einer anderen Stelle kaputt. Aber hättest du nicht bemerkt, wenn du ihn zerbrochen hättest?

4. Ziehe ihn noch ein wenig weiter aus dem Wasser heraus und der Löffel hat schon wieder eine neue Bruchstelle! Handelt es sich um einen Zauberlöffel?

Nein, es ist einfach nur eine optische Täuschung! Ziehe den Löffel nun ganz aus dem Wasser heraus und du wirst feststellen, er ist unversehrt und ganz heil. Der Löffelstiel, der aus dem Wasserglas herausschaut, ist tatsächlich da, wo du ihn siehst. Er reflektiert das Licht nur durch die Luft. Der Teil des Löffels, der im Wasser steckt, sieht verschoben aus.

Das steckt dahinter

Die scheinbare Bruchstelle des Löffels wird dadurch hervorgerufen, dass die Lichtstrahlen nicht mehr gerade weiterlaufen, wenn sie durch die Wasseroberfläche kommen. Sie werden abgeknickt. In einem Diamanten wird das Licht noch viel stärker abgeknickt, daher funkelt er so. Das Abknicken der Lichtstrahlen nennt man auch Lichtbrechung. Der Löffel in dem Wasserglas sieht dadurch kleiner und gebrochen aus.

* BEOBACHTEN *

Luftballonstreit

Das brauchst du

- Packschnur
- Schere
- 2 Luftballons
- Filzstifte
- Wollschal

Kennst du auch jemanden, den du so überhaupt nicht leiden kannst? So einen richtigen Stinkstiefel? Wenn du so jemanden kennst, dann weißt du ja auch, dass du diesem besagten Stinkstiefel möglichst nicht begegnen willst. Triffst du ihn dann doch, willst du nur eins: möglichst schnell weg. Aber wusstest du, dass es auch Luftballons gibt, die sich gegenseitig nicht ausstehen können?

Mache dazu diesen Versuch

1. Schneide von der Packschnur ein etwas längeres Stück ab.
2. Puste deine Luftballons auf.
3. Verschnüre nun den einen Ballon mit dem einen Ende und den anderen Ballon mit dem anderen Ende fest mit der Packschnur. Damit das Ganze noch lustiger wird, kannst du deine Ballons mit grimmigen Gesichtern bemalen.

Nun kannst du deinen Ballons im wahrsten Sinne eine Abreibung verpassen. Dazu nimmst du den Wollschal und reibst kräftig an ihnen. Achte darauf, an der unbemalten Seite zu reiben, sonst hast du anschließend Schmiergrimassen! Wenn du nun die beiden Erzfeinde an dem Band schön eng beieinander hältst, veranstalten sie einen wilden Tanz.

Die beiden Ballons wollen in keinem Falle zusammenbleiben! Durch das Reiben sind die zwei Ballons so stark negativ elektrisch aufgeladen worden, dass sie sich gegenseitig abstoßen.

Das steckt dahinter

Jeder Gegenstand enthält gleich viel positive und negative Ladung. Durch das Reiben wird das Gleichgewicht in den Ladungen gestört. Der Wollschal hat die negative Ladung beim Reiben auf die Luftballons übertragen, sodass sie sich nun gegenseitig abstoßen.

Luftballontrick

Du hast einen wunderbaren dicken, roten Luftballon, der langsam durchs Zimmer schwebt. Immer wenn du deinen Ballon anstupst, schwebt er ein Stückchen weiter. Schön! Dann hörst du ein fieses, lautes Peng! Dein Ballon hat sich an einer spitzen Kante gestoßen und ist jetzt kaputt. Aber kannst du dir vorstellen, dass man eine spitze Nadel sogar absichtlich in einen Luftballon hineinstecken kann und dieser trotzdem nicht platzt? Kannst du nicht? Na, dann pass mal auf!

Das brauchst du

- 1 Luftballon
- Klebeband
- 1 Nadel

Mache dazu diesen Versuch

1. Puste einen Luftballon auf, bis er richtig prall gefüllt ist.
2. An eine beliebige Stelle auf deinem aufgeblasenen Ballon klebst du nun einen Klebestreifen. Der Klebestreifen sollte ungefähr so groß wie eine Briefmarke sein. Wichtig ist, dass du den Klebestreifen richtig fest anklebst und er gut haftet!

3. Achtung, jetzt wird es spannend! Steche vorsichtig durch den Klebestreifen die Nadel in deinen Ballon hinein. Na, überzeugt?

Wenn du die Nadel vorsichtig in deinen Ballon stichst, hörst du nur ein leises Zischen. Dein Ballon platzt nicht. Du kannst einen zweiten Klebestreifen über das Loch kleben, dann behält dein Ballon seine Form. Die Nadel sticht in den Ballon, aber der Klebestreifen sorgt dafür, dass die Reihe (siehe unten) stabil bleibt, denn der Klebestreifen hält die einzelnen Teilchen im Gummi fest zusammen.

Das steckt dahinter !

Nachdem du den Ballon aufgepustet hast, ist die Gummihülle deines Ballons stark gespannt. Wenn du dir die Gummihülle in vielen einzelnen kleinen Teilchen vorstellst, dann bilden diese kleinen Teilchen eine lange Reihe. In dieser Reihe hält jedes Teilchen andere Teilchen an der „Hand". Das kennst du bestimmt aus der Schule! Wenn dann jemand in die Reihe eindringt, lässt einer die Hand eines anderen los und … die Reihe ist kaputt. Aber genau dies verhindert das Klebeband und so übersteht dein Ballon den Nadelstich ohne Probleme.

BANG!

Lunge

Dein eigener Körper ist ein kleines Wunderwerk. Da gibt es so viele unterschiedliche Organe, die ihn täglich antreiben. Die Lunge ist eines dieser wichtigen Organe. Pro Minute atmest du mit ihr ungefähr zehn Liter Luft ein und auch wieder aus. Um zu verstehen, wie deine Lunge arbeitet, kannst du ganz einfach eine künstliche Nachbildung bauen.

Das brauchst du

- 1 leere stabile Plastikflasche
- Schere
- 1 Kugelschreiber
- 2 Luftballons
- 2 Gummibänder
- Knete
- Packschnur

Mache dazu diesen Versuch

1. Schneide eine Plastikflasche in der Mitte auseinander.
2. Baue einen Kugelschreiber auseinander und lege die Mine zur Seite. Du kannst sie später wieder einsetzen.
3. Die Kugelschreiberhülle steckst du jetzt ein Stückchen in einen der Luftballons hinein.

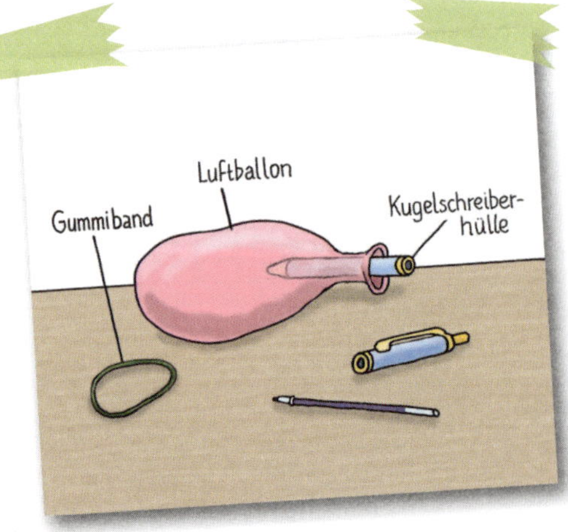

4. Nimm eines der Gummibänder und drehe es so lange um Luftballon und Kugelschreiber, bis die Kugelschreiberhülle gut in dem Ballon befestigt ist.

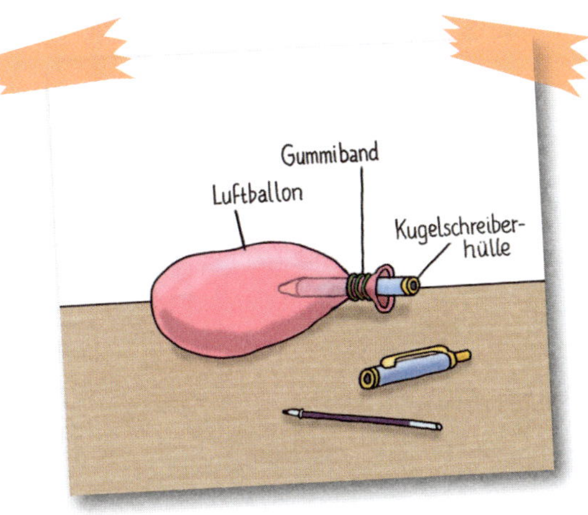

5. Stecke nun die Kugelschreiberhülle zusammen mit dem Ballon in den Flaschenhals hinein.

6. Dichte den Flaschenhals mit Knete ab und befestige auch die Kugelschreiberhülle in der Knetmasse.

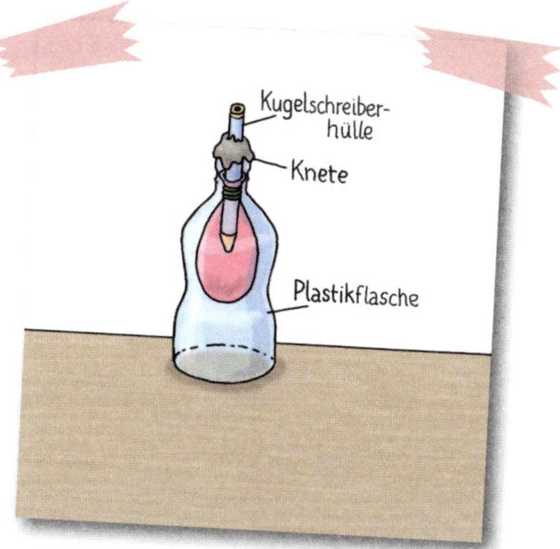

7. Um das Ende des anderen Ballons bindest du ein Stück Packschnur. Dann schneidest du den Ballon vorsichtig auf.

8. Du musst den Ballon als Abdichtung und Membran unten an der Flasche befestigen. Nimm dazu das andere Gummiband und lege den aufgeschnittenen Ballon über die untere Öffnung. Der Zipfel mit dem Band sollte etwa in der Mitte sein.

9. Spanne den aufgeschnittenen Ballon und befestige ihn mit dem Gummiband an der Flasche. Das geht am besten zu zweit! Deine künstliche Lunge ist jetzt fertig! Um die Lunge zum Atmen zu bringen, musst du nur noch vorsichtig an dem Band ziehen.

Deine Lunge arbeitet nach dem gleichen Prinzip wie die Flaschenlunge. Die Flasche soll der Brustkorb sein, der aufgeschnittene und gespannte Luftballon ist das Zwerchfell und der Ballon in der Flasche ist die Lunge. Ziehst du nun an dem Band vom Zwerchfellballon, sinkt der Druck in der Flasche. Der kleine Ballon im Inneren der Flasche bläst sich auf. Falls das nicht sofort funktioniert, überprüfe noch mal, ob du auch alles gut mit Knete abgedichtet hast und ob dein Zwerchfellballon dicht ist! Dasselbe wie in der Flasche passiert auch, wenn du einatmest. Wenn du das Band am Zwerchfellballon wieder loslässt, fällt der Ballon zusammen – wie beim Ausatmen.

Das steckt dahinter !

Deine Lunge besteht aus einem rechten Lungenflügel und einem linken Lungenflügel. Jeder Lungenflügel wird durch Furchen in Lungenlappen unterteilt. Der rechte Lungenflügel teilt sich dabei in drei Lappen auf und der linke Lungenflügel nur in zwei Lappen. Er macht damit Platz für das Herz. Durch diesen Unterschied kann die rechte Lunge normalerweise mehr Luft aufnehmen. Bei jedem Atemzug wird das Blut in der Lunge mit frischem Sauerstoff versorgt. Der frische Sauerstoff wird dann durch die Blutbahn transportiert. Im Gegenzug gibt das Blut Kohlendioxid ab. Damit dies alles problemlos funktioniert, muss unsere Atemmuskulatur eine Menge leisten: Ein Baby macht pro Minute circa 40 bis 50 Atemzüge, ein Kleinkind 20 bis 30 und ein Erwachsener 16 bis 20 Atemzüge.

O_2

* BEOBACHTEN *

Magische Kiste

Manchmal kann man mit physikalischen Gesetzmäßigkeiten zaubern. Denn viele Dinge sind eben nicht immer so, wie sie scheinen. Wenn du deine Freunde mit einem Trick zum Staunen bringen willst, dann solltest du die magische Kiste aus dem Sack zaubern.

Das brauchst du

- 1 verschließbarer Plastikbeutel
- einige Steine oder Sand
- Klebeband
- 1 Schuhkarton mit Deckel
- 1 Tisch

Mache dazu diesen Versuch

1. Fülle einige Steine oder Sand in den Plastikbeutel.

2. Verschließe den Beutel und klebe ihn mit dem Klebeband in einer Ecke am Boden des Schuhkartons fest.

3. Verschließe den Schuhkarton mit dem Deckel.

4. Stelle den vorbereiteten Schuhkarton auf den Tisch und schiebe ihn vorsichtig weit über die Kante hinaus. Achte dabei darauf, dass du die Ecke, in der der Beutel mit den Steinen beziehungsweise dem Sand befestigt ist, nicht über die Tischkante schiebst.

Was passiert?

Der Schuhkarton schwebt am Ende der Tischplatte und fällt nicht herunter. Das wird dir staunende Zuschauer und Applaus einbringen.

Das steckt dahinter !

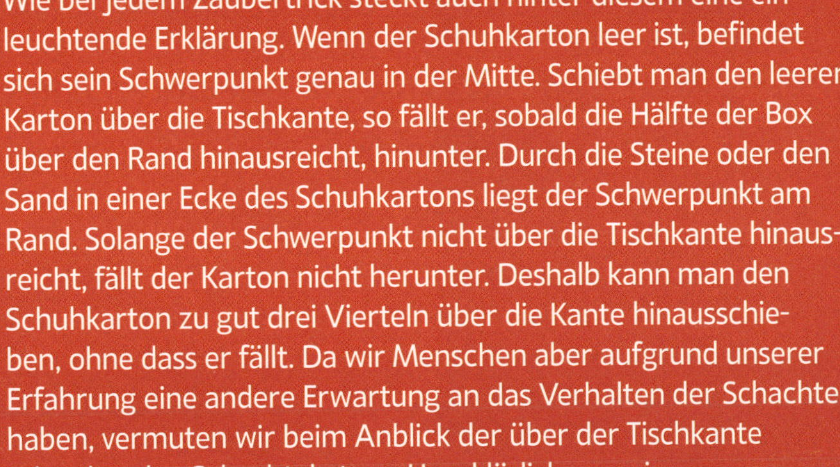

Wie bei jedem Zaubertrick steckt auch hinter diesem eine einleuchtende Erklärung. Wenn der Schuhkarton leer ist, befindet sich sein Schwerpunkt genau in der Mitte. Schiebt man den leeren Karton über die Tischkante, so fällt er, sobald die Hälfte der Box über den Rand hinausreicht, hinunter. Durch die Steine oder den Sand in einer Ecke des Schuhkartons liegt der Schwerpunkt am Rand. Solange der Schwerpunkt nicht über die Tischkante hinausreicht, fällt der Karton nicht herunter. Deshalb kann man den Schuhkarton zu gut drei Vierteln über die Kante hinausschieben, ohne dass er fällt. Da wir Menschen aber aufgrund unserer Erfahrung eine andere Erwartung an das Verhalten der Schachtel haben, vermuten wir beim Anblick der über der Tischkante schwebenden Schachtel etwas Unerklärliches – wie Magie!

* BEOBACHTEN *

Papiersäulen

Das brauchst du

- 2 Blätter Papier (DIN A4)
- Klebstoff
- Lineal
- Bleistift
- Schere
- 1 Schuhkarton
- mindestens 6 gefüllte Safttüten à 1 Liter

Papier ist nicht gerade das beste Baumaterial, oder doch? Ein Gebäude, das von Papier getragen wird – ist das möglich? Mit diesem Versuch kannst du beweisen, wie stark Papier ist, wenn man es in die richtige Form bringt. Ein dünnes Blatt Papier ist biegsam und leicht zu verformen. Ein gerolltes Blatt Papier hält jedoch eine Menge aus. Probiere es doch einfach aus!

Mache dazu diesen Versuch

1. Rolle die beiden Blätter zusammen und klebe die Enden fest.
2. Miss mit dem Lineal die Mitte der Papierrollen aus, mache dir einen kurzen Bleistiftstrich als Markierung und zerschneide sie an der Stelle. Du hast nun vier gleich lange Papierrollen.
3. Ordne die Papierrollen hochkant als Viereck an und setze den Schuhkarton mit der Öffnung nach oben darauf.

4. Befülle den Schuhkarton vorsichtig mit den sechs Safttüten.

Die zu Säulen gerollten Papierblätter tragen die Last mühelos. Der Bau bricht unter dem Gewicht der sechs Liter Saft nicht zusammen.

Das steckt dahinter !

Das Gewicht der sechs Safttüten verteilt sich gleichmäßig auf alle vier Papiersäulen. So kann die Tragkraft eines biegsamen Materials wie Papier enorm erhöht werden. Im Hausbau verwendet man für Wände, die keine großen Lasten tragen müssen, Gipskarton. Diese Wände sind ebenfalls innen hohl. Das kann man testen, indem man mit den Fingerknöcheln an die Wand klopft. Gipskartonwände klingen im Vergleich zu massiven Wänden hohl. Damit werden sie insgesamt leichter, behalten jedoch eine ausreichende Stabilität. Teste nun, wie schwer das Gebäude über den Papiersäulen werden kann. Wie viele Safttüten kannst du in den Karton hineinlegen, bevor das Bauwerk zusammenbricht?

Regenwurmglas

Wenn ihr einen Garten habt, dann hast du auch bestimmt schon mal beim Umgraben der Blumenbeete helfen dürfen. Das ist eine schweißtreibende Angelegenheit. Dabei hast du aber vielleicht auch die vielen kleinen Helfer unter der Erde entdeckt, die das ganz ohne Spaten schaffen.

Das brauchst du

- 1 großes leeres Glas mit Deckel
- 1 Büchsenstanzer
- Erde
- 2 Regenwürmer
- Gemüsereste
- Blätter

Mache dazu diesen Versuch

1. Nimm den Deckel eines Glases und bohre mit dem Büchstenstanzer viele kleine Luftlöcher hinein. Lasse dir hierbei von einem Erwachsenen helfen, wenn es schwer geht.

2. Dann füllst du das Glas mit Erde und gräbst im Garten zwei Regenwürmer aus. Einer reicht zwar auch, aber der ist dann so einsam in dem Glas, also nimm besser zwei.

3. Die Regenwürmer legst du vorsichtig auf die Erde in deinem Glas. Sie werden sich zügig eingraben.

4. Auf die Erde legst du dann einige fein zerkleinerte Gemüsereste und Blätter. Nun warte ab, bis die Regenwürmer Hunger bekommen. Dann schlängeln sie sich nämlich nach oben und holen sich ihr Futter ab! Dabei graben sie kleine Gänge in die Erde, die du durch das Glas wunderbar sehen kannst.

Regenwürmer haben ihren Namen daher, da sie bei Regen aus der Erde kriechen. Das kannst du sehen, indem du zwischendurch etwas Wasser ins Glas gießt. Sie kommen dann schnell an die Erdoberfläche.
Aber nimm nicht zu viel Wasser, sonst ertrinken die Regenwürmer.

Das steckt dahinter !

Wenn du die Würmer nach dem Experiment wieder im Garten aussetzt, siehst du, dass sie im Glas fast alles aufgefressen haben. Die Verdauung der Regenwürmer sieht wie feine Erde aus. Außerdem haben sie durch ihre gegrabenen Gänge die Erde schön aufgelockert und den Boden mit Sauerstoff versorgt.

* BEOBACHTEN *

Rost

Verrostete Autos sehen nicht besonders schön aus. Wenn du so eine richtig alte Rostlaube siehst, weißt du, was gemeint ist. Im schlimmsten Fall verlieren diese Autos dann irgendwann mitten auf der Straße ihren Auspuff. Durchgerostet! Aber wie entsteht eigentlich Rost?

Das brauchst du

- 2 Gläser
- Wasser, Wasserkocher
- 3 Nägel
- 1 Einmachglas
- Speiseöl

Mache dazu diesen Versuch

1. Fülle ein Glas mit Wasser und lege einen Nagel hinein.
2. Koche ein wenig Wasser in einem Wasserkocher auf. Am besten lässt du dir dabei helfen! Das heiße Wasser lässt du dir in das Einmachglas füllen. Du kannst kein normales Glas für das heiße Wasser nehmen, denn es würde platzen. Eine Tasse geht auch, aber schöner ist ein Einmachglas, weil du besser durchsehen kannst und sich so besser beobachten lässt, was bei dem Experiment im Glas passiert.
3. Lege in das Einmachglas mit dem heißen Wasser ebenfalls einen Nagel. Füge dann noch einige Tropfen Öl hinzu, sodass sich auf der gesamten Wasseroberfläche ein Ölfilm bildet.

4. Den dritten Nagel badest du in Öl und legst ihn dann in ein drittes Glas mit Wasser.
5. Lasse nun die drei Gläser zwei Tage stehen und beobachte, was passiert.

Der Nagel in dem ersten Glas beginnt zu rosten. Die anderen beiden Nägel bleiben durch die Ölschicht, wie sie sind.

Das steckt dahinter !

Damit Eisen rostet, sind Sauerstoff und Wasser notwendig. Der Sauerstoff und das Wasser in dem ersten Glas haben den Nagel angegriffen und ihn rosten lassen. Im Einmachglas ist der Sauerstoff aus dem Wasser herausgekocht worden. Die Ölschicht auf der Wasseroberfläche hat verhindert, dass das Wasser neuen Sauerstoff aus der Luft aufnimmt. Der Sauerstoff kann nicht bis zum Nagel vordringen. Wenn im Wasser außerdem noch Salz gelöst ist, wie zum Beispiel an der Nordsee, dann rosten Schiffe noch viel schneller. Man nennt das auch Korrosion. Am besten schützt man Schiffe gegen Rost, indem man versucht, Sauerstoff von den Eisenflächen fernzuhalten. Dazu bekommen diese Eisenflächen einen Schutzüberzug aus Zinn, Zink oder Kupfer. Das nennt man galvanisieren.

* BEOBACHTEN *

Sandbilder

Mandalas sind Kreise mit geometrischen Formen. Solche Figuren werden meistens mit einer Zeichenschablone erstellt. Du kannst die schönen Muster aber auch mit Sand und einem Pendel erzeugen!

Das brauchst du

- 2 Stühle mit Lehne
- 1 Besen
- 2 schwarze Blätter Papier oder Pappe (DIN A3)
- Klebestift
- 1 Plastikbecher, zum Beispiel von einem Joghurt
- Dosenlocher
- Packschnur
- Klebeband
- feinen Sand, zum Beispiel Dekosand

Mache dazu diesen Versuch

1. Stelle die beiden Stühle so auf, dass sich die Stuhllehnen eine Besenlänge entfernt voneinander gegenüberstehen. Benutze den Besen als Abstandshalter.
2. Klebe das schwarze Papier mit dem Klebestift zusammen und lege es zwischen die beiden Stühle auf den Boden.
3. Stich zwei sich gegenüberliegende Löcher mit dem Dosenlocher in den Rand des Bechers.
4. Ziehe ein längeres Stück Packschnur durch die beiden Löcher und verknote sie.

5. Befestige ein weiteres langes Stück der Packschnur an der Lehne eines Stuhls.
6. Ziehe die Schnur durch den Henkel des Bechers und befestige sie an der gegenüberliegenden Stuhllehne. Achte darauf, dass der Becher ganz dicht über dem Boden hängt.
7. Mit einem kurzen Stück Schnur bindest du die beiden Fäden oberhalb des Bechers zusammen.
8. Stich ein Loch in den Becherboden, dichte es mit Klebeband ab und fülle den Becher etwa zur Hälfte mit dem Sand.
9. Lasse den Becher über das Papier schwingen, entferne davor den Klebestreifen.
10. Verschiebe die Verbindungsschnur der beiden Fadenstücke nach oben und unten.

Der Sand rieselt durch das Loch im Becher auf das Papier und hinterlässt dort durch das Hin- und Herschwingen des Bechers wunderschöne regelmäßige Muster.

Das steckt dahinter !

Durch die Auslenkung und die Länge des Pendels schwingt der Becher kreis- oder ellipsenförmig. Mit der Zeit nimmt die Schwingungsstärke ab und die Pendelbewegung verändert sich.

Spiegelschrift

Weißt du, warum auf Rettungsfahrzeugen die Aufschrift „Rettungswagen“ in Spiegelschrift geschrieben ist? Ganz einfach: Damit man den Text im Rückspiegel des Autos lesen kann. Auch Texte, die auf Glasflächen kleben und durch Glas betrachtet werden, erscheinen in Spiegelschrift. Kannst du in Spiegelschrift schreiben und diese dann auch noch entziffern? Früher nutzte man die Spiegelschrift als Geheimschrift, um wichtige Informationen zu verschlüsseln.

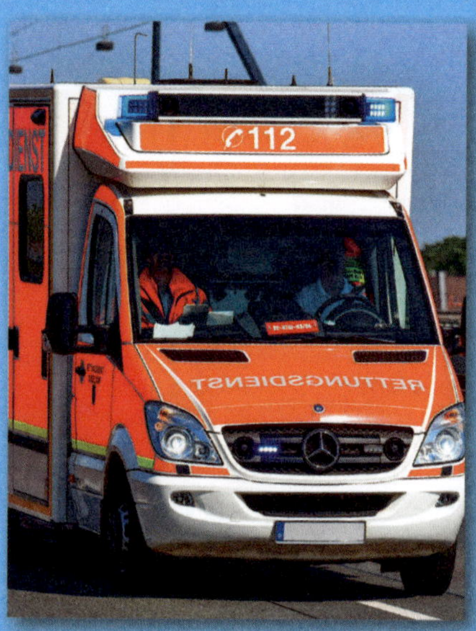

Das brauchst du

- 1 Blatt Papier (DIN A4)
- Stifte
- 1 Handspiegel

Mache dazu diesen Versuch

1. Schreibe auf das Papier deinen Namen in Blockschrift mit Großbuchstaben.

2. Betrachte die Schrift im Spiegel.

Schreibe nun deinen Namen in Spiegelschrift vom Spiegel ab, sodass er auf dem Papier in Spiegelschrift steht und im Spiegel richtig erscheint.

Die Schrift erscheint im Spiegel in Spiegelschrift. Setzt du den Spiegel seitlich neben deinen Namen, so erscheinen die Buchstaben seitenverkehrt. Legst du den Spiegel oberhalb der Schrift an, so ist diese nicht nur seitenverkehrt, sondern steht auch noch auf dem Kopf.

Das steckt dahinter

In einem Spiegel werden die Bilder oder Wörter in der gleichen Größe abgebildet. Die Entfernung des Gegenstands vor dem Spiegel ist im Spiegel gleich groß. Die Buchstaben stehen im Spiegel seitenverkehrt. Wenn du den Spiegel über deinen Namen gestellt und diesen dann seitenverkehrt und auf dem Kopf stehend abgeschrieben hast, kannst du dort, wo der Spiegel stand, eine Linie ziehen. Knickst du das Papier an dieser Linie, sind die Buchstaben deines Namens deckungsgleich. Für den Rückspiegeleffekt musst du von rechts nach links schreiben, also die Reihenfolge der Buchstaben vertauschen. Dann hältst du den Spiegel vor dein Gesicht und betrachtest die rückwärts geschriebene Spiegelschrift im Spiegel. Linkshändern fällt das Schreiben in Spiegelschrift nicht so schwer.

Wasserleuchten

Hast du schon einmal einen leuchtenden Wasserstrahl gesehen? Man kann Aufsätze für den Wasserhahn kaufen, bei denen sich – sobald du den Hahn aufdrehst – eine kleine Lampe einschaltet. Außerdem befindet sich in dem Aufsatz ein Temperaturfühler. Daher leuchtet der Wasserstrahl bei kaltem Wasser blau und ab etwa 30 Grad Celsius rot. Wenn ihr so etwas noch nicht habt, dann baue dir selbst einen leuchtenden Wasserstrahl.

Das brauchst du

- 1 leere Getränkedose
- Dosenlocher
- Knetgummi
- Wasser
- Kochtopf
- starke Taschenlampe

Mache dazu diesen Versuch

1. Stich mit dem Dosenlocher ein Loch in die Getränkedose. Das Loch sollte etwa einen Zentimeter über dem Dosenboden sein. Lasse dir hierbei von einem Erwachsenen helfen.

2. Verstopfe das Loch zunächst mit etwas Knetgummi.
3. Fülle die Getränkedose mit Wasser.
4. Lege nun einen Kochtopf kopfüber ins Spülbecken oder in eine große Wanne.

5. Stelle die Getränkedose oben auf den Boden des Topfes.
6. Verdunkle den Raum.
7. Schalte die Taschenlampe ein und halte sie oben auf die Öffnung der Getränkedose.
8. Entferne den Knetgummiverschluss, sodass das Wasser in einem Bogen aus der Dose läuft.

Wenn es im Zimmer dunkel und die Taschenlampe stark genug ist, leuchtet der Wasserstrahl. Eventuell kannst du sogar dort, wo der Wasserstrahl auf das Spülbecken auftrifft, einen hellen Fleck beobachten.

Das steckt dahinter

Das Licht ist im Wasserstrahl gefangen und kann nicht hinaus. Das liegt daran, dass die Lichtstrahlen von den vielen Wassertropfen immer wieder reflektiert, also gespiegelt, werden. Dies nennt man Totalreflektion. Erst beim Auftreffen der Strahlen auf den Schüsselboden wird das Licht so reflektiert, dass du dann den hellen Fleck siehst. Das Prinzip der Totalreflektion macht man sich bei Glasfasern zunutze. Haarfeine Glasfasern sind nicht mehr so zerbrechlich wie eine Glasscheibe, sondern lassen sich biegen. Schickt man nun Licht durch die Glasfasern, bewegt es sich zickzackförmig von Wand zu Wand und tritt erst am Faserende wieder aus.

Wassersaugen

Womit schreibst du am liebsten? Mit einem Bleistift, einem Kugelschreiber oder einem Füller? Wahrscheinlich mit dem Füller. Aber weißt du auch, wie er funktioniert?

Das brauchst du

- 1 kleine Schüssel
- Wasser
- 1 Löffel
- Lebensmittelfarbe
- 2 Objektträger (erhältlich in der Apotheke)
- 1 Gummiband
- 1 Zahnstocher

Mache dazu diesen Versuch

1. Fülle etwa einen Zentimeter hoch Wasser in eine kleine Schüssel.
2. Gib etwas Lebensmittelfarbe hinein und rühre mit dem Löffel gut um.
3. Lege die beiden Objektträger aufeinander und fixiere sie an einem Ende mit dem Gummiband.
4. Stecke nun das Ende des Zahnstochers von einer Seite zwischen die beiden Glasscheiben. Der Zahnstocher sollte möglichst weit oben, nahe dem Gummiband, stecken und die beiden Gläschen nur auf einer Seite etwas aufdrücken.

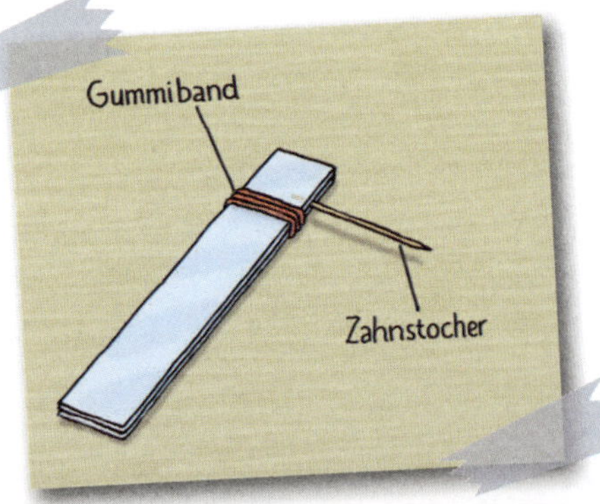

5. Tauche die so verbundenen Objektträger in das gefärbte Wasser.

Das gefärbte Wasser steigt zwischen den Objektträgern hoch. Dort wo der Abstand zwischen den beiden Glasscheiben am geringsten ist, steigt das Wasser am höchsten. Das Wasser zwischen den Glasplatten läuft auch nicht aus, wenn du sie anhebst.

Das steckt dahinter

Das Verhalten des Wassers in diesem Versuch nennt man Kapillarität. Das Wasser dringt in enge Zwischenräume ein und steigt in ihnen hoch. Je enger der Raum zwischen den Glasplättchen, desto höher steigt das Wasser. Dieses Verhalten hängt mit der Oberflächenspannung des Wassers zusammen. Diese wiederum ergibt sich aus der Kohäsion, das ist die Wechselwirkung zwischen Teilchen des gleichen Materials. In unserem Fall ist das die Anziehungskraft der Wasserteilchen untereinander. An der Oberfläche des Wassers halten die Teilchen so stark zusammen, dass zum Beispiel kleine Insekten, wie der Wasserläufer, über die Wasseroberfläche laufen können. Auch bei deinem Füllfederhalter wirkt die Kraft der Kapillarität. Die Tinte aus der Tintenpatrone fließt über ein dünnes Röhrchen in die feine Spitze der Feder.

Doppelnase

Das brauchst du

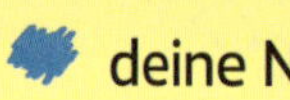

- deine Nase(n)
- deine Finger

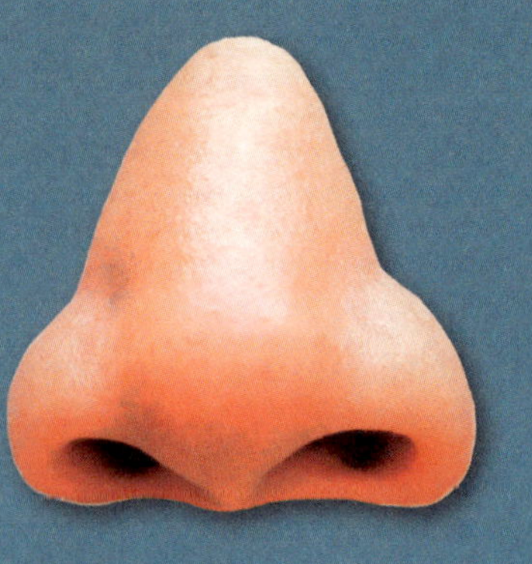

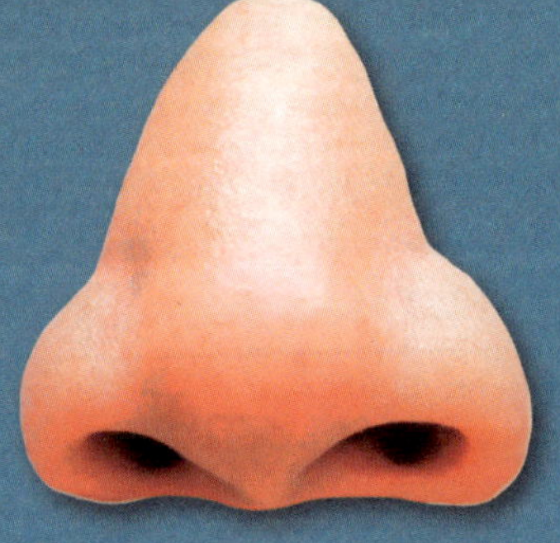

Hast du schon mal einen Hund mit acht Beinen gesehen oder ein Kamel mit vier Höckern? Nein? Wie, das gibt es gar nicht?! Wie kommt es denn dann eigentlich, dass du zwei Nasen im Gesicht hast? Das glaubst du nicht? Dann mach mal diesen Versuch!

Mache dazu diesen Versuch

1. Überkreuze deinen Zeigefinger und deinen Mittelfinger. Vorsichtig! Mache keine Knoten, die du nicht wieder aufbekommst.
2. Schließe nun deine Augen und fahre mit den überkreuzten Fingern seitlich über deine Nase. Fahre einige Male die Nase herauf und wieder herunter. Na, hast du zwei Nasen in deinem Gesicht? Hab aber keine Angst, wenn du in den Spiegel siehst, wirst du nur eine Nase in deinem Gesicht finden! Dieses Experiment ist nämlich nur ein ganz gemeiner Trick!

Dadurch, dass du deine Finger überkreuzt hast, hast du dein Gehirn ausgetrickst. Dein Gehirn kann die überkreuzten Finger nicht registrieren und meldet dir daher zwei Nasen im Gesicht.

Das steckt dahinter !

Dieses Experiment hat dir gezeigt, wie leicht sich deine Sinne täuschen lassen. Du hast nach kurzer Zeit wirklich geglaubt, zwei Nasen in deinem Gesicht zu spüren. Dein Gehirn hat dir einen Streich gespielt. Wenn du dir mit nicht überkreuzten Fingern über deine Nase fährst, dann meldet dir dein Gehirn auch nur eine Nase!

Fingerspitzengefühl

Das brauchst du

- 1 großes Halstuch
- viele verschiedene Dinge, die du selbst aussuchen kannst, zum Beispiel Stofftiere, Tennisball, Löffel, Mütze, Möhre, Pulli, Stift
- eventuell einen Freund oder eine Freundin

Hast du eigentlich Fingerspitzengefühl? Manchmal sagt man das ja zu jemandem, der etwas besonders toll gemacht hat oder der sich in einer „kitzeligen“ Situation besonders klasse verhalten hat. Wenn wir den Ausdruck aber mal wörtlich nehmen, heißt es ja eigentlich, dass jemand gut mit den Fingern fühlen kann. Kannst du das auch oder geht es vielleicht mit den Füßen besser? Zehenspitzengefühl ist ja auch eine tolle Sache! Teste doch das Zehenspitzengefühl deines Freundes oder deiner Freundin!

Mache dazu diesen Versuch

1. Verbinde deinem Freund oder deiner Freundin mit einem Halstuch die Augen.
2. Hole dann die unterschiedlichen Dinge, die du dir vorher ausgesucht hast, und lege sie bereit. Sage deinem Freund oder deiner Freundin, er oder sie soll Schuhe und Socken ausziehen. Das ist mit verbundenen Augen äußerst schwierig und sieht oft sehr lustig aus!

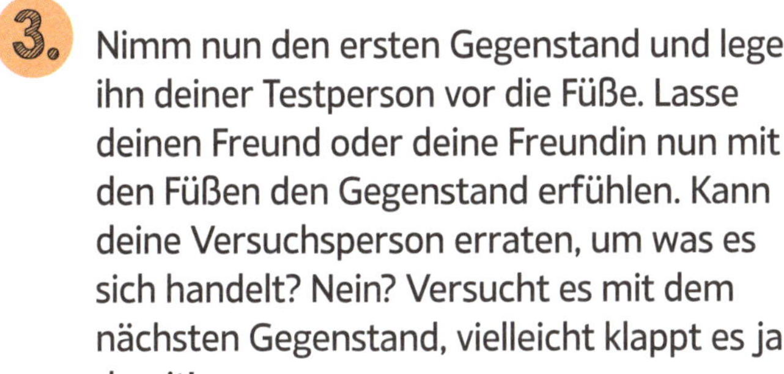

3. Nimm nun den ersten Gegenstand und lege ihn deiner Testperson vor die Füße. Lasse deinen Freund oder deine Freundin nun mit den Füßen den Gegenstand erfühlen. Kann deine Versuchsperson erraten, um was es sich handelt? Nein? Versucht es mit dem nächsten Gegenstand, vielleicht klappt es ja damit!

4. Zum Vergleich gib dann deiner Versuchsperson die Gegenstände in die Hände.

Mit den Händen geht es viel besser! Nicht wahr? Die Hände müssen besonders viele Aufgaben erfüllen. Die Fingerspitzen sind daher mit besonders empfindlichen Nerven ausgestattet. Diese Nerven leiten die kleinste Berührung an dein Gehirn weiter.

Das steckt dahinter !

Die Hände werden jeden Tag benutzt, um Dinge zu erfühlen, zu bewegen oder sogar zu reparieren. Der Tastsinn in deinen Händen ist besser ausgebildet als der deiner Füße. Denn deine Füße stecken ja den ganzen Tag in Socken und Schuhen und sind deshalb stark beansprucht. Viele Tiere haben einen noch ausgeprägteren Tastsinn als wir, Katzen beispielsweise mit ihren langen Schnurrhaaren.

Geisterhand

Du hast bestimmt auch schon einmal gedacht, es spukt bei euch im Haus, oder? Dein Lieblingsbuch ist verschwunden oder die Mathehausaufgaben waren plötzlich weg. Na, wenigstens deine Arme und Beine werden nicht von selbst an einen anderen Ort bewegt, das kannst nur du. Vor allem nur dann, wenn du es auch willst. Oder?

Das brauchst du

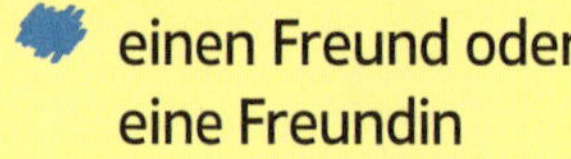

- einen Freund oder eine Freundin

Mache dazu diesen Versuch

1. Bitte deinen Freund oder deine Freundin, sich hinter dich zu stellen. Lasse deine Arme ganz entspannt seitwärts an deinem Körper hinabbaumeln.
2. Nun soll dein Freund oder deine Freundin deine Arme mit beiden Händen festhalten. Gleichzeitig musst du versuchen, beide Arme seitlich in die Höhe zu bewegen. Dein Freund oder deine Freundin drückt aber fest dagegen an.

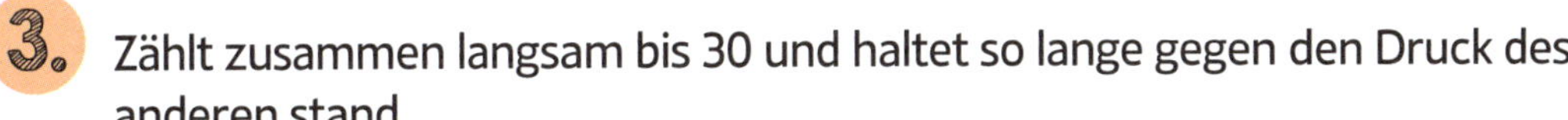

3. Zählt zusammen langsam bis 30 und haltet so lange gegen den Druck des anderen stand.

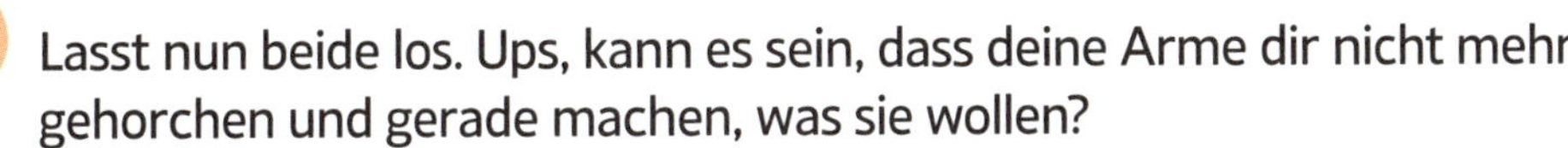

4. Lasst nun beide los. Ups, kann es sein, dass deine Arme dir nicht mehr gehorchen und gerade machen, was sie wollen?

Was passiert?

Auch wenn du versuchst, deine Arme ganz entspannt nach unten baumeln zu lassen, bewegen sie sich wie von Geisterhand nach oben. Spukt es doch in diesem Haus? Tauscht eure Plätze und versucht es auch andersherum! Ihr werdet sehen, es funktioniert auch bei deinem Freund oder deiner Freundin.

Das steckt dahinter !

Du hast deine Armmuskeln ungefähr 30 Sekunden lang stark angespannt. In dieser Zeit haben sich die Muskeln an die Anspannung gewöhnt und halten diese Spannung auch noch, nachdem ihr wieder losgelassen habt. Der Muskel speichert die Spannung noch für eine kurze Zeit und daher heben sich deine Arme wie von selbst an.

Das brauchst du

- 1 Glas mit Drehverschluss
- warmes Wasser

Glasdeckel

Hast du auch schon einmal versucht, ein Glas mit Kirschen oder eine Flasche mit leckerem Fruchtsaft zu öffnen? Ja? Dann weißt du, wie schwierig es ist, wenn man an die köstlichen Sachen im Glas heranwill und der Deckel einen nicht lässt. Dabei ist es eigentlich ganz einfach, wenn man nur weiß, wie!

Mache dazu diesen Versuch

1. Nimm dir das Glas, aus dem du am liebsten naschen möchtest, und probiere es zu öffnen. Wenn du es jetzt natürlich sofort aufbekommst, dann verschiebe den Versuch. Irgendwann kommt dir mit Sicherheit ein Glas in die Finger, das du nicht öffnen kannst. Dann ist es so weit und das Experiment kann beginnen!
2. Halte das Glas mit dem Deckel unter das warme Wasser aus dem Wasserhahn. Dreh das Wasser gerade so warm oder heiß, wie du es eben aushalten kannst, ohne dir die Finger zu verbrühen.

3. Zähle jetzt bis 30 und lasse das Wasser so lange über den Deckel laufen und nun versuche noch mal das Glas zu öffnen.

Ein wahres Kinderspiel! Du wirst dich wundern, wie leicht sich jetzt der Deckel drehen lässt. Fast alle Dinge dehnen sich bei Wärme aus. Wenn die Temperatur dann zurückgeht, ziehen sich die Dinge wieder zusammen. Diesen Trick benutzt du, um das Glas zu öffnen.

Das steckt dahinter

Nicht alle Dinge dehnen sich bei Wärme in der gleichen Geschwindigkeit aus. Das Metall des Deckels dehnt sich viel schneller aus als das Glas. Der Deckel weitet sich also durch das warme Wasser mehr als das Glas und lässt sich daher leicht drehen.

EUREKA!

Handtemperatur

Mit einem Thermometer kannst du Temperaturen messen, zum Beispiel die Temperatur von Wasser. Ach, sagst du jetzt, ich brauche kein Thermometer, ich nehme meine Hände und fühle einfach, ob das Wasser warm oder kalt ist. Aber Vorsicht, deine Hände können dir einen ganz schönen Streich spielen!

Das brauchst du

- 1 Schüssel mit warmem Wasser
- 1 Schüssel mit kaltem Wasser
- 1 Schüssel mit lauwarmem Wasser
- Eiswürfel
- Uhr

Mache dazu diesen Versuch

1. Stelle die Schüsseln mit dem Wasser nebeneinander vor dich auf den Tisch. Das kalte Wasser neben das lauwarme Wasser und neben das lauwarme Wasser das ganz warme Wasser. In das kalte Wasser wirfst du jetzt noch einige Eiswürfel hinein, dann ist das Wasser so richtig eiskalt.
2. Schaue jetzt auf deine Uhr und stecke die eine Hand für ungefähr zwei Minuten in die Schüssel mit dem Eiswürfelwasser. Die zweite Hand tauchst du gleichzeitig, ebenfalls für zwei Minuten, in die Schüssel mit dem warmen Wasser ein.

3. Wenn die Zeit um ist, nimmst du beide Hände aus den Schüsseln und tauchst sie nun zusammen in die Schüssel mit dem lauwarmen Wasser ein. Welche Temperaturen fühlst du?

Die eine Hand fühlt warm, die andere Hand fühlt kalt. Aber das Wasser ist lauwarm. Die Hand, die in dem warmen Wasser war, empfindet das lauwarme Wasser als kalt. Die Hand aus dem Eiswürfelwasser empfindet das lauwarme Wasser als sehr warm. Beide Hände haben also für die nun gleiche Temperatur unterschiedliche Empfindungen.

Das steckt dahinter !

Die eine Hand hat zwei Minuten im kalten Wasser gelegen und deshalb auch kaltes Wasser gespürt. Die andere Hand hat wiederum im warmen Wasser gelegen und warmes Wasser gefühlt. Wenn sie nun zusammen in der Schüssel mit dem lauwarmen Wasser sind, fühlt es sich für die beiden Hände unterschiedlich an. So leicht sind die Sensoren in deinen Händen also zu täuschen!

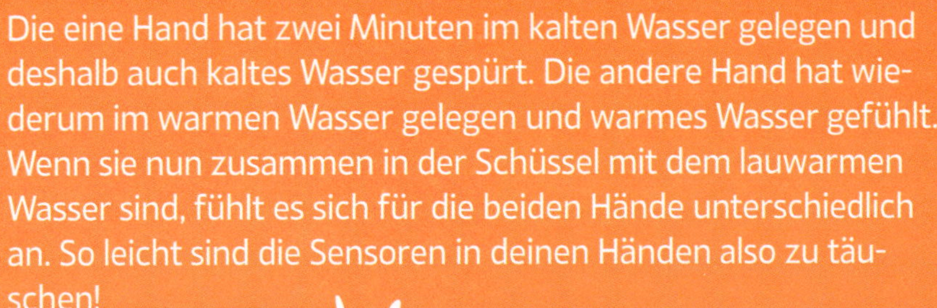

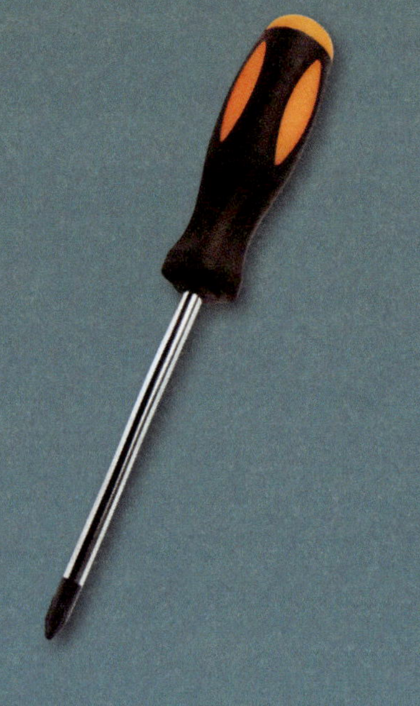

Das brauchst du

- 1 etwas größeren Stein
- 1 dicken Stock
- 1 großen Schraubendreher

Hebelwirkung

Es gibt riesige und sehr schwere Kisten, die manchmal noch nicht einmal ein starker Erwachsener auch nur einen Zentimeter hochheben kann. Ein einfacher Hebel kann hier helfen!

Mache dazu diesen Versuch

1. Nimm deinen Stein und hebe ihn hoch. Er soll nicht so schwer sein, dass du ihn nicht anheben kannst, aber er soll auch nicht so leicht sein, dass du ihn lässig mit dem kleinen Finger hochnehmen kannst.
2. Lege den Stock vor deinen Stein. Jetzt nimmst du den Schraubendreher und schiebst das abgeflachte Ende unter den Stein. Die andere Seite des Schraubendrehers legst du auf dem Stock ab.
3. Drücke nun ganz leicht, vielleicht sogar nur mit einem Finger, den Schraubendreher über den Stock nach unten. Ohne große Anstrengung hebt sich der Stein.

Du kannst deine Kraft mit dem Hebel vergrößern. Die Wege werden länger, aber dafür brauchst du weniger Kraft. Den Hebel triffst du auch in Zangen, Scheren oder bei der Arbeit mit einem Schraubenschlüssel an.

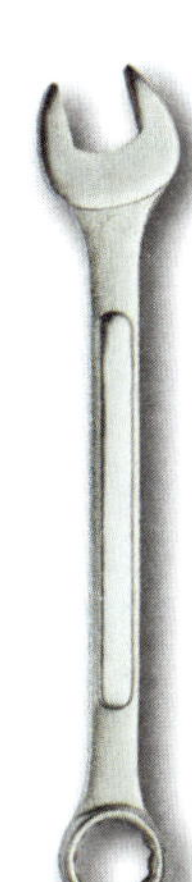

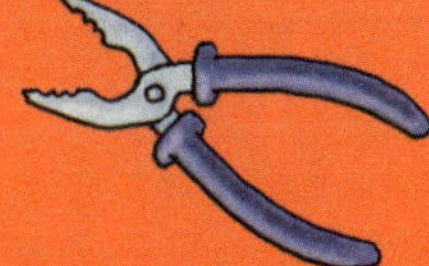

Das steckt dahinter

Um den Stein nur ein wenig anzuheben, musstest du den Schraubendreher ein ganz schönes Stück weit herunterdrücken. Das hat dich zwar wenig Kraft gekostet, aber du musstest dafür einen zusätzlichen Weg aufwenden, der sich jedoch gelohnt hat, da die Arbeit dadurch sehr viel leichter ging. Was du hier benutzt hast, ist die Kraft des Hebels gewesen. Der Stock hat dabei den Stütz- und Drehpunkt des Schraubendrehers gebildet.

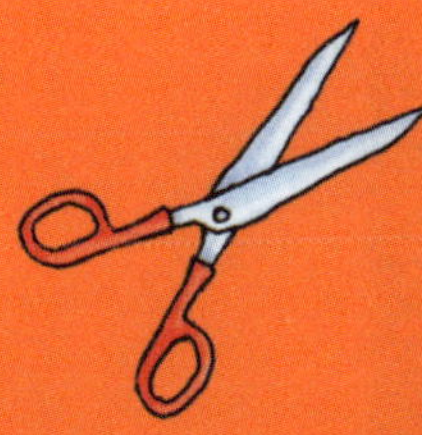

Das brauchst du

- Papierschnipsel
- 1 Kamm
- 1 Schal aus Wolle
- 1 Tischtennisball

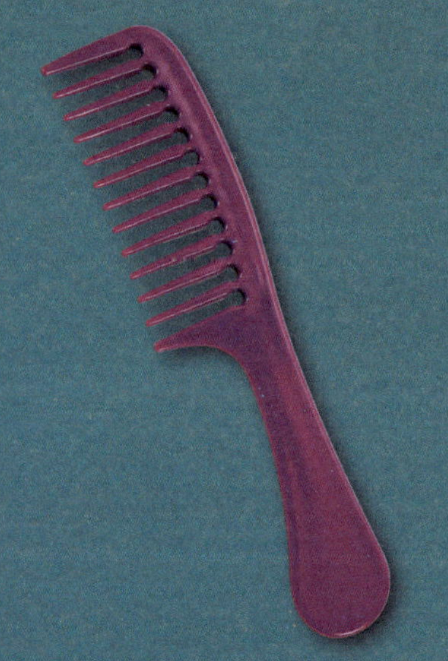

Klebekamm

Hast du auch schon einmal – beispielsweise an einem Weidezaun – so ganz ohne Vorwarnung einen leichten Stromschlag bekommen? Das ist ein ziemlich unangenehmes Gefühl, nicht wahr? Du erschreckst dich und dann kribbelt es auch noch überall. Du kannst mit diesen elektrostatischen Aufladungen aber auch eine Menge Spaß haben und deine Freunde und Freundinnen verblüffen! Und das auch noch völlig ungefährlich!

Mache dazu diesen Versuch

1. Verteile deine Papierschnipsel auf dem Tisch.
2. Reibe deinen Kamm nun an dem Wollschal. Du kannst ihn ruhig einige Male kräftig hin- und herreiben!

3. Halte den Kamm jetzt in die Nähe der Papierschnipsel. Was passiert?

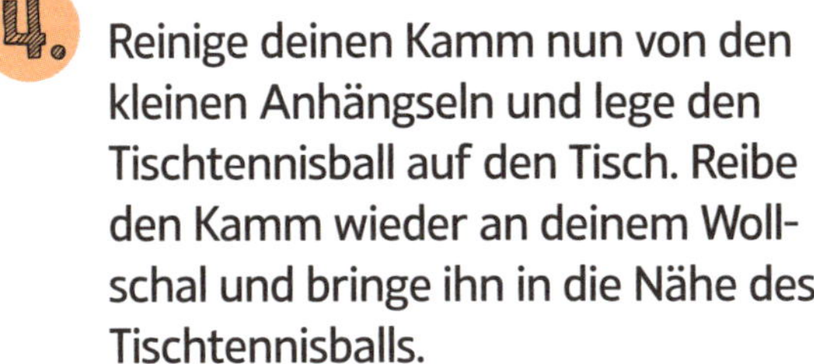

4. Reinige deinen Kamm nun von den kleinen Anhängseln und lege den Tischtennisball auf den Tisch. Reibe den Kamm wieder an deinem Wollschal und bringe ihn in die Nähe des Tischtennisballs.

Wenn du den Kamm in die Nähe der Papierschnipsel bringst, fliegen sie auf und bleiben daran kleben. Wenn du den Kamm wieder am Schal reibst und in die Nähe des Tischtennisballs bringst, rollt er auf den Kamm zu. Die Papierschnipsel und der Tischtennisball erhalten in der Nähe des aufgeladenen Kamms eine positive Ladung. So werden sie von dem negativ geladenen Kamm angezogen.

Das steckt dahinter !

Alle Gegenstände haben eine positive oder negative Ladung. In dem Moment, in dem du den Kamm am Schal reibst, lädt er sich elektrostatisch auf. Das passiert, weil die negative Ladung vom Schal durch das Reiben auf den Kamm übertragen wird. Zwei negativ geladene Gegenstände stoßen sich ab. Aber positive und negative Dinge ziehen sich an.

Lastentransport

Du kennst doch bestimmt die Pyramiden in Ägypten. Vielleicht hast du sogar das große Glück gehabt, sie nicht nur in einem Buch oder im Fernsehen zu sehen, sondern hast selbst schon staunend davorgestanden. Hast du dich da nicht auch gefragt, wie die alten Ägypter diese riesigen, schweren Quadersteine bewegt haben? Und vor allem, wie sie es wohl geschafft haben, die Steine in einer solchen Höhe zu verbauen? Kräne, Bagger oder Schrägaufzüge gab es damals natürlich noch nicht. Aber wie haben die Ägypter dann bloß diese Steine transportiert, ohne die moderne Technik von heute zu kennen?

Das brauchst du

- einige Bücher
- 1 Gummiband
- Schnur
- 1 Becher mit Henkel
- Zollstock oder Maßband
- 1 Frühstücksbrett

Mache dazu diesen Versuch

1. Lege einige Bücher in einem Stapel auf deinen Tisch.
2. Nimm ein Gummiband und lege die Schlingen um den Henkel des Bechers.
3. Nimm nun ein Stück Schnur und knote es um die Schlingen des Gummibandes.

4. Hebe den Becher am Gummiband in die Höhe. Er baumelt jetzt an dem Gummiband. Das Gummi dehnt sich unter der Last des Bechers aus. Das Messen im Hängen mache am besten über deinem Bett, damit der Becher, sollte er unglücklicherweise vom Gummiband abreißen, weich fällt und nicht zerbricht.

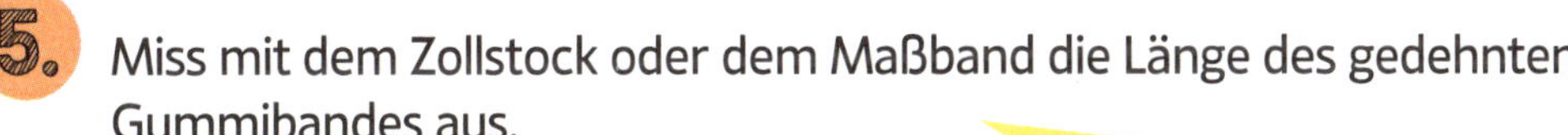

5. Miss mit dem Zollstock oder dem Maßband die Länge des gedehnten Gummibandes aus.

6. Jetzt nimmst du das Frühstücksbrett und legst es schräg an den Bücherstapel an. Falls es dir wegrutscht, kannst du einen Stein oder ein Buch unten zur Beschwerung anlegen.

7. Stelle deinen Becher auf diese schräge Ebene und ziehe ihn am Gummiband bis zur Kante des Bücherstapels hinauf. Miss nun wieder die Länge des gedehnten Gummibandes nach. Welchen Unterschied kannst du erkennen?

Das Gummiband ist weniger stark gedehnt als beim ersten Versuch. Du kannst den Versuch auch mit unterschiedlich schweren und großen Tassen machen und dabei vergleichen, wie sich das Gummiband jeweils ausdehnt. Die geneigte Ebene ist eine Art Hebel. Statt viel Kraft aufzuwenden, wird der Weg länger. Du benutzt ganz häufig eine geneigte Ebene, zum Beispiel, wenn du eine Treppe steigst. Auch sie führt in der Regel nicht wie eine Leiter senkrecht nach oben, sondern macht mehrere Windungen.

Das steckt dahinter !

Du kannst sehen, dass es viel leichter geht, einen schweren Gegenstand über eine schräge Ebene hinaufzuziehen, als ihn gerade hochzuheben. Dein Becher musste zwar einen längeren Weg zurücklegen, aber dafür benötigst du nicht so viel Kraft. Wenn du den Becher direkt senkrecht hochhebst, dehnt sich das Gummiband weiter aus und du brauchst mehr Kraft. Es ist also viel einfacher, einen Gegenstand über eine schräge Ebene zu ziehen, als ihn anzuheben. Die alten Ägypter wussten das auch und schütteten zum Bau ihrer Pyramiden schräg nach oben führende Rampen an. Nachdem ein Abschnitt fertiggestellt war, wurden diese Rampen wieder entfernt. Ein ähnlicher Trick wird heute noch in den Bergen beim Bau von Straßen angewendet. Die Straßen werden nicht geradeaus den Berg hinauf gebaut, sondern winden sich schlangenlinienförmig hinauf. Es ist für die Autos viel leichter, in Kurven den Berg hinaufzufahren, als ihn senkrecht zu erklimmen.

Pirouette

Hast du schon einmal einer Eiskunstläuferin bei einer Pirouette zugesehen? Grazil gleitet sie über das Eis. Dann beginnt sie sich zu drehen, legt die Arme und Beine ganz dicht an den Körper und dreht sich immer schneller. Dann breitet sie die Arme und Beine aus und wird plötzlich langsamer in der Drehung. Aber warum ist das so? Möchtest du den Pirouetteneffekt auch einmal am eigenen Leib erfahren, ohne aufs Eis zu müssen?

Das brauchst du

- 1 Drehhocker ohne Lehne
- 2 Hanteln oder kleine Flaschen
- eine Freundin oder einen Freund

Mache dazu diesen Versuch

1. Nimm je eine Hantel oder Flasche in eine Hand und setze dich auf den Drehhocker.
2. Lege die Hände mit den Hanteln oder Flaschen in den Schoß.
3. Deine Freundin oder dein Freund dreht dich nun auf dem Hocker im Kreis, damit du in Fahrt kommst.
4. Hebe nun langsam deine Arme zur Seite und senke sie dann wieder.

Wenn du, während du dich auf dem Hocker drehst, die Arme mit den Hanteln oder Flaschen ausstreckst, wirst du langsamer. Sobald du die Arme wieder nah an den Körper heranführst, wirst du wieder schneller.

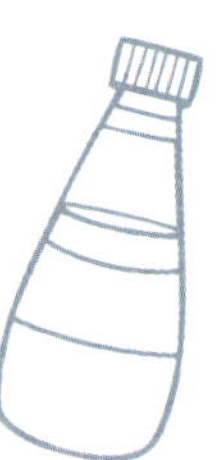

Das steckt dahinter

Physiker*innen bezeichnen diesen Effekt als den Pirouetteneffekt. Er beruht auf der unterschiedlichen Verteilung deiner Körpermasse um die Drehachse. Deine Drehachse verläuft, wenn du auf dem Drehhocker sitzt, senkrecht durch die Mitte deines Körpers. Deine Arme sind durch die Hanteln oder Flaschen schwer. Streckst du deine Arme nun aus, verändert sich die Verteilung der Masse um die Drehachse. Je weiter du die Gewichte nach außen streckst, desto mehr verteilt sich deine Körpermasse nach außen und desto langsamer wirst du in der Drehung. Ziehst du die Arme mit den Gewichten wieder an, wird deine Drehung wieder schneller. Je dichter also die gesamte Körpermasse an der Drehachse anliegt, desto schneller drehst du dich auf dem Stuhl. Der Begriff Pirouette kommt aus dem Französischen und bedeutet „sich im Kreis drehen".

Spurensicherung

Das brauchst du

- 1 Glas
- Grafitpulver (erhältlich im Internet oder im Baumarkt)
- großen Pinsel
- Lupe
- Klebeband
- 1 Blatt Papier

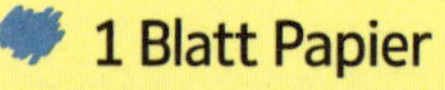

Diebe haben wieder einmal zugeschlagen und der letzte Schokoladenpudding aus eurem Kühlschrank ist verschwunden. Niemand will es gewesen sein und du schaust in den leeren Kühlschrank. So kann das nicht weitergehen! Die Diebe müssen endlich dingfest gemacht werden! Vielleicht haben sie ja Spuren hinterlassen?

Mache dazu diesen Versuch

1. Nimm ein sauberes Glas und drehe es durch deine Hände. Drücke ruhig etwas fester zu, denn du willst ja schöne Fingerabdrücke haben.

2. Jetzt nimmst du das Grafitpulver und bestäubst das Glas vorsichtig damit.

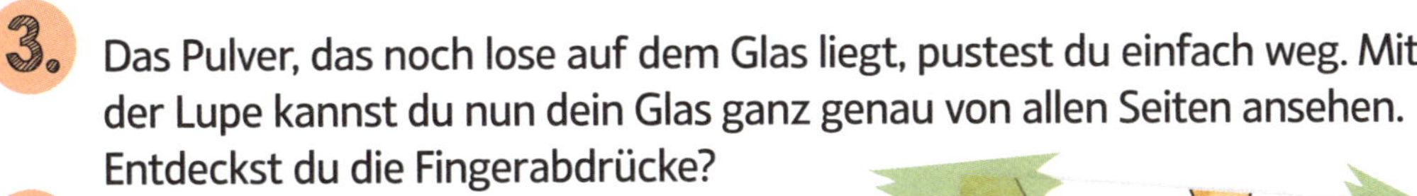

3. Das Pulver, das noch lose auf dem Glas liegt, pustest du einfach weg. Mit der Lupe kannst du nun dein Glas ganz genau von allen Seiten ansehen. Entdeckst du die Fingerabdrücke?

4. Auf einen der Fingerabdrücke klebst du nun einen Streifen Klebeband.
5. Ziehe den Klebefilmstreifen wieder ab und klebe ihn auf das Blatt Papier. Sieh ihn dir mit der Lupe an.

Auf dem Blatt Papier kannst du den Fingerabdruck ganz deutlich erkennen! Was auf dem Glas funktioniert hat, kannst du natürlich auch mit der Kühlschranktür ausprobieren. Das Grafitpulver ist sehr, sehr fein und bleibt an den fettigen oder feuchten Stellen kleben. Da das Pulver dunkel ist, wird der Fingerabdruck sichtbar.

Das steckt dahinter !

Die Finger an den Händen sind immer etwas fettig oder feucht. Die Fingerspitzen oder Fingerkuppen hinterlassen daher auf fast allen glatten Gegenständen Spuren.

Zeitungstrick

Wetten, dass du es nicht schaffst, ein Holzlineal, das zur Hälfte auf dem Tisch liegt und zur Hälfte darüber hinausragt, mit einem einzigen Faustschlag vom Tisch zu hauen? Damit das Experiment auch wirklich klappt, musst du ein Zeitungsblatt über das Lineal legen. Eine Zeitung wiegt ja fast nichts. Probiere das mal aus!

Das brauchst du

- Lineal
- Tisch
- 1 Zeitung

Mache dazu diesen Versuch

1. Lege das Lineal halb auf den Tisch, halb lässt du es über dem Boden schweben.
2. Gib nun der schwebenden Linealseite einen Stups. Wie erwartet, fällt das Lineal mit einem Krachen vom Tisch.

3. Falte nun deine Zeitung auseinander und suche dir ein doppelseitiges Blatt heraus.
4. Lege das Lineal wieder zur Hälfte auf den Tisch, zur Hälfte soll es wieder darüber hinausragen.

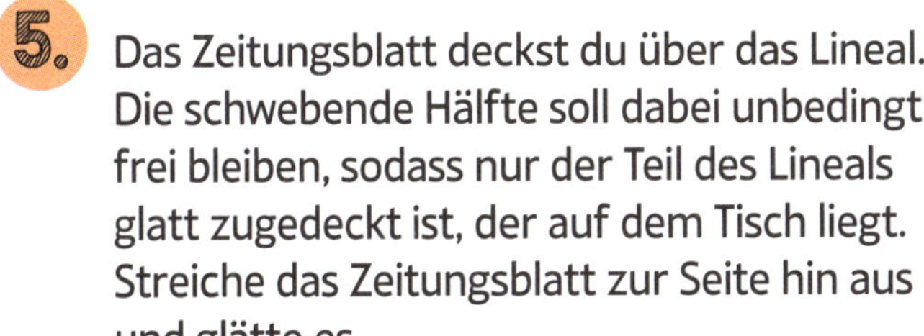

5. Das Zeitungsblatt deckst du über das Lineal. Die schwebende Hälfte soll dabei unbedingt frei bleiben, sodass nur der Teil des Lineals glatt zugedeckt ist, der auf dem Tisch liegt. Streiche das Zeitungsblatt zur Seite hin aus und glätte es.

6. Jetzt Anlauf nehmen und fest auf die schwebende Linealseite hauen! Na, bist du nicht kräftig genug?

In dem Moment, in dem du auf das Lineal haust, bildet sich unter der Zeitung ein Vakuum und saugt Lineal und Zeitung an, sodass das Lineal nicht in hohem Bogen durch das Zimmer fliegt.

Das steckt dahinter !

Zusätzlich zum Gewicht des Blattes drückt die Luft von oben gegen die Zeitung. Und das sogar mit dem unvorstellbaren Gewicht von einem Kilogramm pro Quadratzentimeter! Die Maßeinheit, mit der die Luft deine Zeitung herunterdrückt, nennt man auch Bar. Miss deine Zeitungsseite aus und rechne das Gewicht aus, das auf der Zeitung lastet. Du wirst wirklich staunen!

Dosentelefon

Diesen Versuch machst du am besten mit einem Freund oder einer Freundin. Anschließend könnt ihr dann mit dem selbst gebauten Telefon miteinander reden.

Das brauchst du

- 2 saubere, leere Blechdosen ohne Deckel
- 1 Nagel
- Hammer
- 10 Meter dünne Schnur (Packschnur)
- eine Freundin oder einen Freund

Mache dazu diesen Versuch

1. Nimm eine der leeren Dosen und setze den Nagel in der Mitte des Dosenbodens an. Schlage mit dem Hammer so lange vorsichtig auf den Nagel, bis ein Loch im Dosenboden entsteht. Wenn dir das nicht gelingt, bitte einen Erwachsenen um Hilfe.
2. Jetzt nimm dir die zweite Dose vor und versieh sie ebenfalls mit einem Loch in der Mitte des Dosenbodens.
3. Durch die Löcher im Boden der Dosen steckst du jetzt jeweils ein Ende deiner Schnur. Mache in der Dose einen schönen dicken Knoten, der nicht mehr durch das Loch hinausrutschen kann.

Nun kannst du deinem Freund oder deiner Freundin eine Dose in die Hand geben. Die andere Dose nimmst du selbst. Geht so weit auseinander, bis die Schnur zwischen den Dosen straff gespannt ist. Einer von euch hält nun die Dose ans Ohr und der andere spricht in seine Dose hinein. Könnt ihr euch hören?

Sprichst du in die eine Dose hinein, hört man das Gesprochene in der anderen Dose, solange die Schnur gespannt ist. Du kannst die Stimme deines Freundes oder deiner Freundin fast so deutlich hören wie durch ein richtiges Telefon. Aber eben nur so lange, wie die Schnur zwischen euern Dosen fest gespannt ist! Lässt die Spannung nach, könnt ihr euch auch nicht mehr hören.

Das steckt dahinter

Der Boden der Dose, in die du sprichst, wird durch die Schallwellen deiner Stimme in ganz leichte Schwingung versetzt. Über die gespannte Schnur setzt sich diese Schwingung bis zum Boden der anderen Dose fort. Dort angekommen, werden die Schwingungen wieder in „Sprache" zurückverwandelt und du kannst sie in der Dose hören.

Das brauchst du

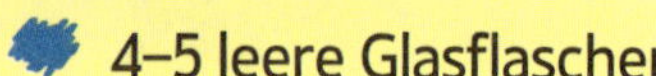

- 4–5 leere Glasflaschen

- Wasser

Flaschenmusik

Mit einfachen Mitteln lassen sich schon viele Töne erzeugen. Probiere es einfach aus! Vielleicht hast du aber auch Lust, mit Freunden eine Wasserband zu gründen?

Mache dazu diesen Versuch

1. Fülle die Flaschen in unterschiedlichen Höhen mit Wasser.
2. Stelle die Flaschen auf den Tisch und blase über die Öffnung der Flasche hinweg. Aber nicht in die Flasche hineinblasen, das klappt dann nicht. Es macht höchstens „pfff“, aber dein Experiment soll ja schließlich gelingen. Also, schön über den Rand pusten! Wenn es nicht sofort gelingt, nicht gleich verzagen. Mit ein wenig Übung wird auch aus dir ein großer Flaschenmusik-Künstler.

Jede Flasche macht einen anderen Ton! Und durch die unterschiedlichen Füllhöhen erzeugst du unterschiedlich hohe und tiefe Töne. Wenn du nun mehrere Flaschen nebeneinanderstellst und immer in die nächste ein bisschen mehr Wasser füllst, als in die vorhergehende, kannst du eine ganze Tonleiter erzeugen.

Das steckt dahinter !

Durch das Blasen über die Flaschenöffnung erzeugst du Luftwirbel. Diese sind ungleichmäßige Bewegungen in der Luft. Die Luft im Flaschenhals bewegt sich dadurch schnell hoch und runter. Diese Bewegung nennt man auch Schwingung. Durch diese Schwingungen entstehen die Töne. Ist mehr Wasser in der Flasche, dann ist die Schwingung schneller und der Ton höher. Ist dagegen weniger Wasser in der Flasche, dann ist die Schwingung langsamer und der Ton entsprechend tiefer.

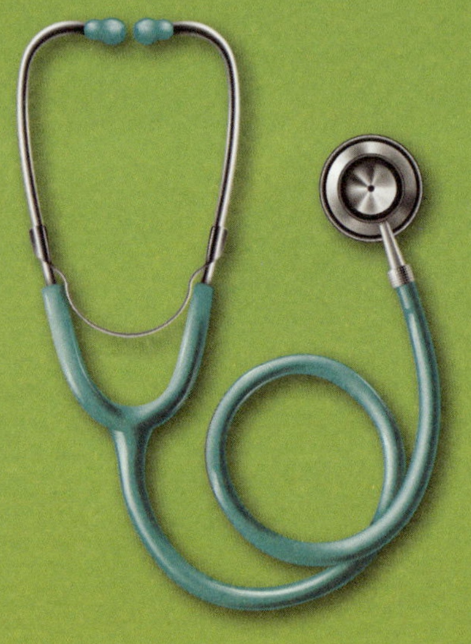

Das brauchst du

- 1 Trichter
- 1 Stück Schlauch
- Klebeband
- eine Freundin oder einen Freund

Hörrohr

Wenn du wie der Blitz gelaufen bist, dann fühlst du, wie dein Herz so richtig schnell und laut klopft. Der Kinderarzt oder die Kinderärztin kann den Herzschlag sogar mit einem Stethoskop hören. Stethoskop heißt einfach gesagt Hörrohr. Hast du auch mal Lust, den Herzschlag deines Freundes oder deiner Freundin zu hören?

Mache dazu diesen Versuch

1. Nimm den Trichter und stecke ihn mit der dünnen Seite in das Ende des Schlauches hinein.
2. Klebe den Schlauch und den Trichter zusammen, indem du alles gut mit dem Klebeband umwickelst. Fertig ist dein selbst gebautes Stethoskop.

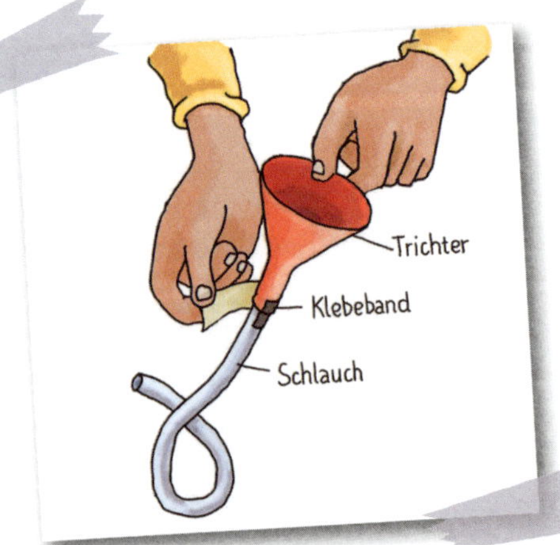

3. Jetzt kannst du den Trichter auf die Brust deines Freundes oder deiner Freundin setzen. Bum, bum, bum! Na, schlägt das Herz im Takt?

Das Herz erzeugt bei seiner Arbeit Schallwellen. Diese Schallwellen werden in dem Trichter aufgefangen. Durch die Luft im Schlauch werden sie weiter bis zu deinem Ohr transportiert. So kannst du das Herz schlagen hören.

Das steckt dahinter

Das Herz versorgt unseren Körper mit frischem Blut. Das Blut wird in der Lunge mit Sauerstoff angereichert und dann vom Herzen aus zu allen Organen gepumpt, um sie ebenfalls mit Sauerstoff zu versorgen. Das sauerstoffarme Blut fließt dann von den Organen wieder zum Herz zurück, dann in die Lunge und wird anschließend mit neuem Sauerstoff angereichert. So beginnt der Kreislauf in deinem Körper immer wieder von vorn. Das Herz pumpt im Ruhezustand etwa das gesamte Blut im Körper einmal pro Minute durch diesen Kreislauf. Das sind etwa fünf Liter pro Minute. Bei körperlicher Anstrengung sind es aber deutlich mehr. Bei dieser schweren Arbeit, die das Herz den ganzen Tag über für uns übernimmt, macht es auch Geräusche. So gehen beispielsweise Herzklappen bei jedem Pumpen auf und zu. Das kannst du mit deinem Hörrohr hören.

Münzballon

Im Zirkus gibt es immer wieder waghalsige Artisten, die Kopf und Kragen für ihren Auftritt riskieren. Zu den wohl eindrucksvollsten Zirkusauftritten zählt die äußerst riskante Motorradkugel. Das ist eine fünf Meter große Stahlkugel, in der vier, manchmal sogar sechs Artisten auf Motorrädern im Kreis fahren und sich dabei gefährlich kreuzen. Eine Münze in einem Ballon unterliegt den gleichen Kräften wie die Fahrer in der Motorradkugel oder du bei einem Looping in der Achterbahn.

Das brauchst du

- 1 Luftballon
- 1 10-Cent-Stück
- 1 20-Cent-Stück
- 1 2-Euro-Stück

Mache dazu diesen Versuch

1. Stecke zunächst die 10-Cent-Münze in den Luftballon.

2. Puste den Luftballon mit der Münze darin auf und halte die Tülle mit den Fingern zu.

3. Drehe den Luftballon zwischen deinen Händen schnell im Kreis.

4. Mache den Versuch nun mit dem 20-Cent- und dem 2-Euro-Stück.

Wenn du die richtige Geschwindigkeit erreichst, dann richtet sich die Münze im Ballon auf und erzeugt einen surrenden Ton. Die 10-Cent-Münze erzeugt einen lauten, hohen Ton, das 2-Euro-Stück bringt einen leiseren und noch höheren Ton hervor.

Das steckt dahinter

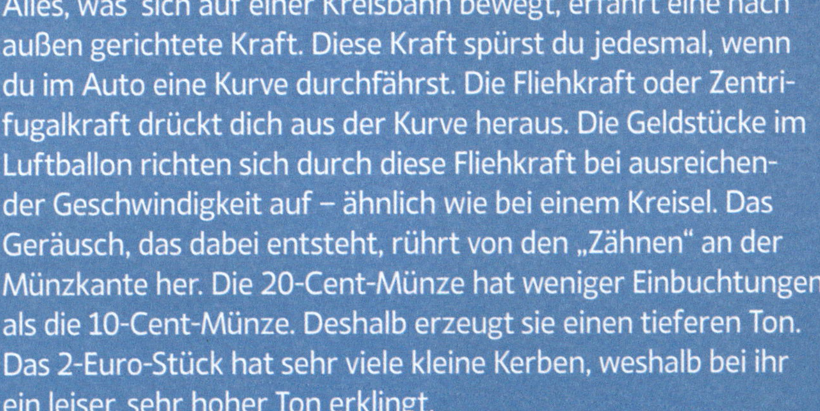

Alles, was sich auf einer Kreisbahn bewegt, erfährt eine nach außen gerichtete Kraft. Diese Kraft spürst du jedesmal, wenn du im Auto eine Kurve durchfährst. Die Fliehkraft oder Zentrifugalkraft drückt dich aus der Kurve heraus. Die Geldstücke im Luftballon richten sich durch diese Fliehkraft bei ausreichender Geschwindigkeit auf – ähnlich wie bei einem Kreisel. Das Geräusch, das dabei entsteht, rührt von den „Zähnen“ an der Münzkante her. Die 20-Cent-Münze hat weniger Einbuchtungen als die 10-Cent-Münze. Deshalb erzeugt sie einen tieferen Ton. Das 2-Euro-Stück hat sehr viele kleine Kerben, weshalb bei ihr ein leiser, sehr hoher Ton erklingt.

Sandtanz

Das brauchst du

- 1 Schüssel
- Frischhaltefolie
- Klebeband
- 1 Teelöffel trockenen Sand
- Radio

Was meinst du, ob man wohl die Musik, die aus deinem Radio kommt, sehen kann? Oder kann man sie doch nur hören? Und wenn du tatsächlich etwas siehst, kannst du dann die laute oder die leise Musik besser erkennen? Probiere es doch mal aus!

Mache dazu diesen Versuch

1. Spanne über eine leere Schüssel ein Stück Frischhaltefolie. Nimm so viel Folie, dass sie lang über den Rand der Schüssel hängt.
2. Mit dem Klebeband klebst du nun die Folie an der Schüssel fest. Achte darauf, dass die Folie nicht einreißt, aber trotzdem gut gespannt ist.

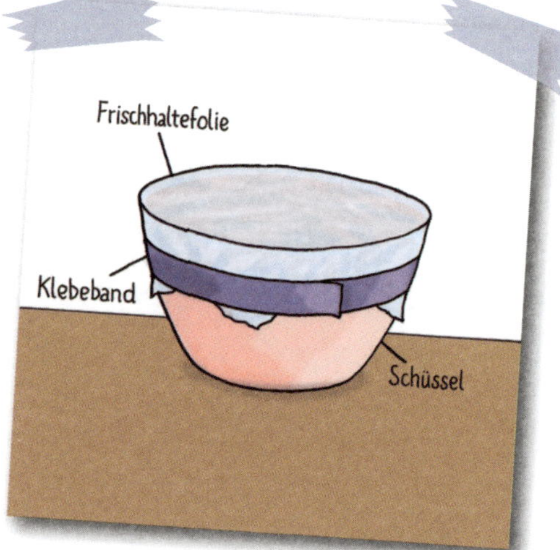

3. Lasse jetzt den Sand auf die gespannte Folie rieseln.

4. Stelle dann die Schüssel mit dem Sand vor dein Radio und mache es an. Zuerst ganz, ganz leise, sodass du kaum etwas hörst. Jetzt kannst du dein Radio ganz laut drehen und keiner darf schimpfen, es geht ja hier schließlich um ein wissenschaftliches Experiment.

Wenn die Musik leise ist, bewegt sich der Sand auf der Folie kaum. Wenn du das Radio dagegen lauter drehst, beginnt der Sand auf der Folie zu deiner Musik zu tanzen. Die Schallwellen der Musik aus deinem Radio versetzen die Frischhaltefolie in Schwingungen. Durch die schwingende Folie werden die Sandkörner in Bewegung versetzt und sie tanzen so zum Takt deiner Musik.

Das steckt dahinter !

Die Musik aus deinem Radio erzeugt Schallwellen. Diese Schallwellen übertragen sich auf die Schüssel mit der Folie und dem Sand. Dadurch bewegt sich der Sand auf der Folie.

Schuhkartongitarre

Eine Gitarre hat sechs Saiten, deren Töne von oben nach unten immer höher werden. Du kannst dir eine eigene kleine Gitarre aus einem alten Schuhkarton bauen und den großen Popstars so richtig Konkurrenz machen.

Das brauchst du

- Schuhkarton
- Stopfnadel
- 6 unterschiedlich dicke Gummibänder
- Schere
- Streichhölzer

Mache dazu diesen Versuch

1. In das Unterteil eines alten Schuhkartons bohrst du mit einer dicken Stopfnadel zwölf Löcher, sodass an den zwei kürzeren Seiten des Kartons, ziemlich weit oben am Rand, jeweils sechs Löcher im gleichen Abstand sind. Die Löcher sollen sich möglichst genau gegenüberliegen.

2. Vergrößere die Löcher so weit mit der Stopfnadel, dass du die Streichhölzer hindurchstecken kannst. Nun schneide die Gummibänder auf.
3. Knote das Ende eines Gummis um ein Streichholz und stecke das Streichholz durch eines der sechs Löcher.

4. Knote dann das andere Ende eines Gummis an einem weiteren Streichholz fest. Spanne ganz vorsichtig den Gummi über die Öffnung, ohne den Gummi zu zerreißen, und stecke das Streichholz in das gegenüberliegende Loch.

5. Dasselbe machst du mit den anderen fünf Gummibändern. Achte auf die Reihenfolge! Von dünn nach dick oder von dick nach dünn! Wenn du alle sechs Saiten gleichmäßig gespannt und verknotet hast, ist deine Schuhkartongitarre fertig. Jetzt kannst du darauf spielen.

Nach den ersten Tönen auf deiner Gitarre wirst du merken, dass die dicksten Gummibänder am tiefsten und die dünnen viel höher klingen. Veränderst du die Spannung der Gummibänder, ergeben sich andere Töne.

Das steckt dahinter !

Die Schwingung der Gummibänder überträgt sich auf den Karton. Die Luftmenge im Karton gerät ebenfalls in Schwingung und die Töne sind daher so gut zu hören.

Glossar

Auftrieb: Wenn sich ein Körper in einer Flüssigkeit oder in einem Gas befindet, verringert sich sein Gewicht. Er erhält eine nach oben gerichtete Kraft, die Auftriebskraft. Diese wirkt der Gewichtskraft, die nach unten wirkt, entgegen.

Energie: Energie kommt aus dem Griechischen und bedeutet übersetzt ungefähr „wirkende Kraft". Mithilfe von Energie kann man Tätigkeiten ausführen, Wärme absondern oder Licht abgeben.

Fliehkraft: Die Fliehkraft kannst du dir als die Kraft vorstellen, die zwei Tänzer*innen, die sich an den Händen halten und schnell drehen, nach außen drückt. Du kannst die Fliehkraft selbst spüren, wenn du Karussell fährst. Dabei wirst du auch nach außen gedrückt.

Galvanisierung: Eiserne Gegenstände werden in einem speziellen Verfahren mit einer dünnen Metallschicht überzogen und so vor dem Rosten geschützt.

Kapillarität: Wenn Flüssigkeiten in schmalen Hohlräumen, wie Röhren oder Spalten, aufsteigen, nennt man das Kapillarität.

Kohäsion: Darunter versteht man die Wechselwirkung zwischen Teilchen gleichen Materials.

Glossar

Oberflächenspannung: Wasser besteht aus unzähligen winzigen Teilchen, die sich alle ganz fest gegenseitig anziehen und sich nur ungern trennen. Jedes einzelne Teilchen wird gleichzeitig von seinen rechten, linken, oberen und unteren Nachbarn angezogen. Da die oberste Schicht Wasserteilchen aber keine oberen Nachbarn hat, wird sie von den unteren Nachbarn nach innen gezogen. Dadurch wirkt die Wasseroberfläche wie eine „Haut".

Reflexion: Licht breitet sich normalerweise gerade aus. Trifft es allerdings auf eine andere Stoffform, wird es entweder zurückgeworfen (reflektiert) oder in seinem Weg abgelenkt.

Reibung: Immer wenn zwei Gegenstände sich berühren, entsteht Reibung.

Schall(geschwindigkeit): Schall entsteht immer dann, wenn Luft in Bewegung versetzt wird, zum Beispiel beim Schlagen einer Trommel. Die Schallwellen, das sind kleine Luftschwingungen, treffen unser Trommelfell und wir hören einen Ton. Die Schallgeschwindigkeit, also wie schnell sich diese Wellen bewegen, ist von der Lufttemperatur abhängig. Bei 20 Grad Celsius bewegt sich der Schall mit etwa 1230 Kilometern pro Stunde fort.

Schubkraft: Schubkraft ist die Antriebskraft, zum Beispiel einer Rakete oder eines Flugzeugs.

Schwerelosigkeit: Schwerelosigkeit ist ein Zustand ohne Schwerkraft (▶ Schwerkraft). Eigentlich ist das gar nicht möglich, da die Schwerkraft (auch Gravitation genannt) überall und unendlich weit wirkt. Aber beispielsweise in einer Raumstation kann diese Anziehungskraft durch die auf der Kreisbahn wirkende Fliehkraft aufgehoben werden. Deswegen schweben die Astronaut*innen sozusagen im Raum herum.

Glossar

Schwerkraft: Alles, was Masse hat, also aus Materie besteht, zieht andere Dinge an. Die Erde zum Beispiel hat eine sehr große Masse und daher eine riesige Anziehungskraft. Sie zieht alles, was sich auf ihr befindet, zu sich hin. Deshalb können wir auch nicht höher als ein bis zwei Meter in die Luft springen und purzeln zum Glück auch nicht von der Erde ins Weltall.

Schwingung: Als Schwingung bezeichnet man unter anderem Schall, also die Töne. Treffen die Schallwellen auf unser Trommelfell, beginnt dieses zu schwingen. Diese Schwingung kannst du dir wie eine Pendelbewegung vorstellen. Je lauter ein Geräusch ist, desto größer sind die Schwingungen der Welle, je leiser der Ton, desto kleiner sind sie. Und hohe und tiefe Töne unterscheiden sich durch die Schnelligkeit der Schwingungen einer Welle. Je höher ein Ton ist, desto mehr Schwingungen hat er pro Sekunde.

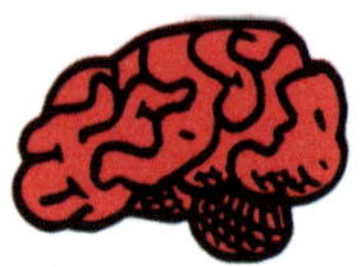

Thermorezeptoren: Thermorezeptoren sind Sinneszellen in der Haut, die Wärme und Kälte wahrnehmen.

Vakuum: Einen praktisch leeren Raum, in dem sich fast keine Luft befindet und daher fast kein Luftdruck herrscht, nennt man Vakuum.

Verdunsten: Verdunsten ist ein anderes Wort für langsames Verdampfen unterhalb des Siedepunktes. Im Sommer kannst du zum Beispiel beobachten, wie die Sonne langsam eine Pfütze wegtrocknet.

H_2O

Zugkraft: Zugkraft ist zum Beispiel die Kraft, die du benötigst, um deinen Schlitten durch den Schnee zu ziehen.

Register

Register nach Schwierigkeitsgrad

Leichte Experimente

Ballonrakete 8
Blumenschweiß 12
Boccia 14
Büroklammertanz 16
Doppelnase 70
Dosentelefon 94
Farbverwirrung 28
Fingerspitzengefühl 72
Flaschenmusik 96
Flaschenzauber 32
Geisterhand 74
Glasdeckel 76
Glasmünze 38
Glaszauber 40
Handtemperatur 78
Hebelwirkung 80
Hörrohr 98
Katapult 42
Klebekamm 82
Löffelbruch 44
Luftballonstreit 46
Luftballontrick 48
Magische Kiste 54
Papiersäulen 56
Pirouette 88
Regenwurmglas 58
Sandbilder 62
Zeitungstrick 92

Mittelschwere Experimente

Archimedisches Prinzip 6
Blindfisch 10
Daumenkino 18
Flaschentaucher 30
Lastentransport 84
Münzballon 100
Rost 60
Sandtanz 102
Spiegelschrift 64
Spurensicherung 90
Wasserleuchten 66
Wassersaugen 68

Schwere Experimente

Doppelpendel 20
Drehscheibe 22
Fallschirm 25
Flaschenzug 34
Lunge 50
Schuhkartongitarre 104

Register

Register nach Zeitaufwand

Experimente für wenig Zeit

Ballonrakete 8
Blindfisch 10
Boccia 14
Doppelnase 70
Farbverwirrung 28
Flaschenmusik 96
Flaschentaucher 30
Geisterhand 74
Glasdeckel 76
Glasmünze 38
Glaszauber 40
Handtemperatur 78
Hebelwirkung 80
Hörrohr 98
Katapult 42
Klebekamm 82
Löffelbruch 44
Luftballonstreit 46
Luftballontrick 48
Magische Kiste 54
Münzballon 100
Pirouette 88
Spiegelschrift 64
Wassersaugen 68
Zeitungstrick 92

Experimente für mehr Zeit

Archimedisches Prinzip 6
Büroklammertanz 16
Daumenkino 18
Doppelpendel 20
Dosentelefon 94
Drehscheibe 22
Fallschirm 25
Fingerspitzengefühl 72
Flaschenzauber 32
Flaschenzug 34
Lastentransport 84
Papiersäulen 56
Sandbilder 62
Sandtanz 102
Schuhkartongitarre 104
Spurensicherung 90
Wasserleuchten 66

Experimente für viel Zeit

Blumenschweiß 12
Regenwurmglas 58
Rost 60

Bildnachweis

shutterstock.com: hanapon1002 6, Iana Alter 8, kubais 10, belander 12, Picture-Syndicate 14, 15, mylisa 16, Ovchinnkov Vladimir 18, andrey oleynik 20, monkey business images 22, Sergey Ginak 25, Kostikova Natalia 28, r.classen 29, Adrien Ledeul 30, Stone36 32, andreas Vogel 34, Andrey Lobachev 38, 100, 101, Andrey_Kuzmin 40, OLF Picture 42, Sanit Fuangnakhon 44, Smiltena 46, savitskaya iryna 48, Minerva Studio 50, vittoria_vittoria 54, osenka91 56, Nick N A 4, 58, PPStock 60, Vytautas Kielaitis 64, Menna 66, Nikita Shevchenko 68, Ao win 70, Roman Samborskyi 71, Chanyanuch Wannasinlapin 72, Khosro 74, AlenKadr 76, MarcoFood 77, 7pic 78, U8 81, VRVIRUS 80, GraphicsRF.com 81, Photo Win1 5, 82, Ammak 84, Zoran Pucarevic 88, artemiya 5, 90, Billion Photos 92, gonzagon 5, 94, Macrovector 96, 97, Real Vector 98, AndreyZH 100, Mariyana M 102, Oleg1824 5, 104, Nikolaeva (Doodles), primiaou (Doodles), balabolka (Doodles), mhatzpa (Doodles), Arthur Balitskii (Doodles), owatta (Doodles), Lida Bu (Doodles)

Experimentiere dich schlau!

Spannende Experimente in der Natur oder zu Hause sorgen für Spaß und erklären nebenbei naturwissenschaftliche Phänomene des Alltags. Altersgerechte Anleitungen und anschauliche Illustrationen ermöglichen es den Kindern, alle Experimente spielend leicht nachzumachen.

112 Seiten, ab 8 Jahren
ISBN 978-3-8174-4288-1

112 Seiten, ab 8 Jahren
ISBN 978-3-8174-4289-8

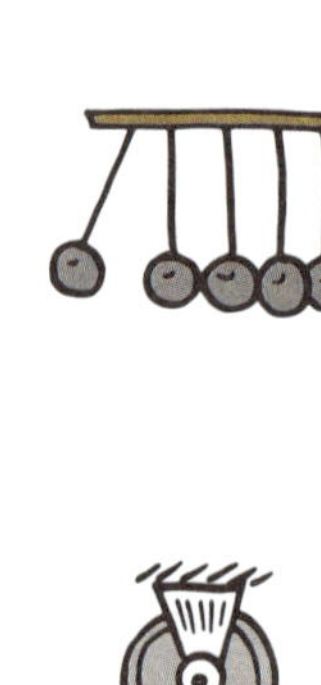

112 Seiten, ab 8 Jahren
ISBN 978-3-8174-4290-4

112 Seiten, ab 5 Jahren
ISBN 978-3-8174-4285-0